The Hispanic Economics English/Spanish Dictionary of

Banking & Finance

Words, Phrases and Terms

The Hispanic Economics English/Spanish Dictionary of Banking & Finance

Words, Phrases and Terms

Edited by
Louis E.V. Nevaer

Staff Editors
Hector Ortega, Carlos Santiago, Anne Petri, Milton C. Munn,
Margarita Childress

Published by
Hispanic Economics, New York

Copyright © 2013 by Hispanic Economics, Inc.

Manufactured in the United States of America. All rights reserved. No part of this book may be reproduced in any form or by any means, electronic or mechanical, including photocopying, recording, or by information storage and retrieval systems—except by a reviewer who may quote brief passages in a review to be printed in a magazine, newspaper or on the Web—without permission in writing from the publisher.

Although the editors and publisher have made every good faith effort to ensure the accuracy and completeness of information contained in this book, we assume no responsibility for errors, inaccuracies, omissions or inconsistencies herein. This book is presented solely for educational and entertainment purposes. The advice offered is provided for educational purposes and it is not offered as legal, accounting, or other professional services advice. The opinions expressed are solely those of the author and do not necessarily reflect the opinions of the publisher, its employees or affiliates.

This book is published by Hispanic Economics, Inc., and expresses solely the personal opinions, conclusions and recommendations of the authors and editors. No liability is assumed for damages resulting from the use of information contained herein.

First printing 2013 - Publication date: September 2013.

ATTENTION CORPORATIONS, UNIVERSITIES, COLLEGES, AND PROFESSIONAL AND CHARITABLE ORGANIZATIONS: Quantity discounts are available on bulk purchases of this book for educational and gift purposes, or as premiums in fundraising efforts. Inquiries should be sent to *info@hispaniceconomics.com*.

Hispanic Economics, Inc.
P.O. Box 140681
Coral Gables, FL 33114-0681
info@hispaniceconomics.com
HispanicEconomics.com
ISBN 978-1-939879-08-0

Cover and Interior Design by John Clifton
john@johnclifton.net

Preface

"A rose by any other name would smell as sweet," Shakespeare points out in a famous soliloquy.

True, but words, and how they are used, retain their power to say as much about the speaker as what the speaker says about a subject.

Words do have power, and words do convey a sense of who you are and speak of your intelligence, education, and authority. Use a wrong word, and people will think differently of you. Use a word correctly, and the esteem in which they hold you increases. Use a phrase with confidence and authority, and a sense of trust is established.

In the United States, Hispanic professionals who identify themselves as Latinos have to master a difficult balance: Displaying a command of business English while being expected to, on a moment's notice, convey the same message in business Spanish.

There's no point in trying to deny the obvious: The United States of America is now a bilingual consumer economy.

"Oprima 2 para español" is part of the nation's business language.

you may hate it, or you may love it. It makes no difference: It is here to stay.

Call it a "rose," or call it a "rosa" if you prefer. It smells as sweet. Call it "success," or call it "éxito" if you prefer. It feels as good.

In the quarter century that I have been working in the Hispanic and Latin American business world, I have often seen how many bright and earnest U.S. Latinos fail. And they fail to succeed not because they are incompetent or ill-prepared. They fail because they cannot speak proper business Spanish. Others may not say anything directly to them, but they make judgments: "If this person doesn't know the difference between 'success' and 'éxito,' what else doesn't this person know?"

At the same time, if you are unsure of how to say "budget" in Spanish, or "worldwide web," or even a simple expression, such as "to whom it may concern," it comes across in your lack of self-confidence and the unsure manner of your presentation—in the hesitation, the sweaty palm, the nervous enunciation and uncomfortable body language.

Fortunately, there is a cure for this malady: *Empowerment through knowledge.* The words and phrases in this book will allow you to communicate clearly and authoritatively with Spanish-dominant customers.

Whether you work in banking, finance, or investments, these are the correct Spanish-language words, phrases, and terms that correctly convey the meaning of this industry's vocabulary.

This is the vocabulary of success in business.

Learn these words and phrases. Practice using these words and phrases. In short order they will become part of your vocabulary, and others will see that you are fluent in business Spanish and can speak with the assurance that conveys leadership and success. Trust me when I tell you that if you read through this book and learn these words and phrases, you will be able to take your career to the next level and reach your full career potential.

Even with that promise, I recognize that it's tedious to read through a glossary of words and phrases. So let us make a deal. If you read through this, you will be rewarded with two examples of precisely how difficult it is to navigate Spanish in an English-speaking country. The first is an "Aha!" example that focuses on one of the largest and most successful newspapers that consistently gets Spanish wrong. It will demonstrate how difficult it is for those living in the United States to understand—and use—proper Spanish. The other is even more satisfying: It is an example of how virtually everyone in the Spanish-speaking world is oblivious to an *anglicismo* that enjoys widespread misuse, even among people who live and work in Latin America and Spain. This second example will afford you the opportunity to correct someone, in a very gentle way, not only to impress them but also to point out how easily one can fall into the trap of thinking that a specific usage is correct simply because it appears to be correct.

This book is primarily intended for U.S.-born Latinos who are English-dominant. It is also a useful refresher for non-Hispanic Americans who learned Spanish in school, or who want to refresh their business Spanish vocabulary and usage.

The Rolling Stones once wrote a song about the inability to get some satisfaction. If you commit these words and phrases to heart, you will position yourself to move forward and get some satisfaction as you move ahead in your career and life.

Adelante, adelante, adelante.

Louis E.V. Nevaer
Mérida, Yucatán

Introduction

By Rose Guilbault

One of the great challenges Latinos face in advancing their careers is the tendency to lose fluency in Spanish. It's only natural: We live and work in the United States, surrounded by English constantly.

When I was growing up there was also the pressure to "acculturate" and to "integrate" into the mainstream of English-dominant American life. "If you want to succeed, you will have to master English," was the message that was drilled over and over again. Then there was the rejoinder: "Every other immigrant group got ahead by becoming fluent in English!"

That was then, and this is now. The truth is that the reason every other immigrant group got ahead by becoming fluent in English is that they migrated in numbers so small, they did not—and could not—change the "linguistic" balance in the United States.

Spanish changed that! There's no doubt that Spanish is spoken so widely throughout the United States that we have reached the linguistic "tipping point."

To get ahead, it's imperative to be fluent in both business English and business Spanish.

That's easier said than done. I remember being in a business meeting in Mexico, and I simply could not recall the word for "budget" in Spanish. I knew it, but the word "presupuesto" just escaped me. It was embarrassing, and I managed, but it made me understand the importance of having the right vocabulary and phraseology when it comes to business Spanish.

INTRODUCTION

That is what makes this remarkable book indispensable. It brings together the words and phrases that are necessary in business Spanish as it is conducted in the United States today.

Whether you call yourself Hispanic or Latino, if you are living and working in the United States, you need to be fluent in business Spanish. Consider a few statistics:

- *You are more competitive*. Whether it is Starbucks or IBM, candidates who are fluent in Spanish have the advantage. "Fluent" jumps out on a résumé, and makes recruiters take notice. CareerBuilders reports that 88% of employers are enthusiastic about multilingual candidates.
- *You get faster promotions*. The higher you go up the corporate ladder, the more managers and executives you find who are multilingual. Korn/Ferry International noted that 31% of executives speak a language other than English, and being fluent in business Spanish is the #1 language of choice.
- *You earn more money*. Employees who are bilingual make more money. The Census Bureau reports that Americans who are fluent in another language average 4-6% more, depending the industry in which they work. This is true whether you are in the medical profession, or work for an airline. In some industries, such as banking and law, there is a premium paid if you master business Spanish—and financial or legal terms.
- *You have more career choices*. The world may not be your oyster, but you certainly will be more valuable to employers throughout the United States. It also makes you "international" material, meaning you can advance more rapidly at companies that have operations in Latin America, or have strong business with Latin America.

INTRODUCTION

It is simply a win-win situation, and this little book, which is written in a very approachable manner, with confidence, clarity and wit, is the first step in becoming fluent in business Spanish—or in brushing up on your business Spanish vocabulary.

I'm delighted Louis produced this book, and I'm as delighted that it is available to English-dominant Latinos in the United States.

San Francisco, California

Disclaimer:

The following compilation of words, phrases, and terms are most commonly used in the banking and finance industry in the U.S. While every good faith effort has been made to ensure accuracy, no warranties are made by either the editor or publisher. The Spanish-language translations are provided for educational and informational purposes and do not constitute legal advice or translation services. Any errors, corrections, or omissions will be included in future editions of this book

Banking and Finance

Words, Phrases, and Terms
English/Spanish

A

abandonment, Vencimiento o expiración
ABC agreement, Un acuerdo que establace cuáles son los derechos de la sociedad de Bolsa al adquirir un asiento en la NYSE
ability to pay, Capacidad de pago
above par, Sobre la par
abridged group balance, Saldo abreviado del grupo
accelerated Cost Recovery System (ACRS), Sistema acelerado de recuperación de costos
accelerated depreciation, Amortización acelerada
acceleration clause, Cáusula de caducidad de plazos
accommodation bill, Letra a favor
account Cuenta, O cliente de un agente de Bolsa o banco
account balance, Saldo de cuenta
account day, Fecha de liquidación
account executive, Ejecutivo de cuenta
account holder, Titular de la cuenta

A

account in trust, Cuenta en fideicomiso o cuenta difeicomisaria
account settled, Cuenta liquidada
account statement, Estado de cuenta o resumen de cuenta
accountability, Obligación de rendir cuentas
accountant opinión, Dictamen de un auditor, informe de un auditor
accounting adjustment, Ajuste contable
accounting books, Registros contables, libros contables
accounting concepts, Principios contables
accounting entry, Asiento contable
accounting period, Ejercicio contable
accounting profit, Utilidad contable o beneficio contable
accounts payable, Cuentas a pagar
accounts receivable, Cuentas a cobrar
accrual accounting, Método contable que se basa el el criterio de lo devengado
accrual basis, Criterio que se basa en lo devengado
accrued charges, Gastos o cargos devengados
accrued dividends, Dividendos devengados
accrued interest, Interés devengado
accumulated depreciation, Amortización acumulada
accumulated dividend, Dividendo impago sobre acciones preferidas acumulativas
accumulated earnings tax, Impuesto sobre utilidades acumuladas
acid-test ratio, Prueba ácida, es decir, coeficiente de liquidez a corto plazo
acquisition, Adquisición o compra

A

acquisition cost, Costo de adquisición
acquisition date, Fecha de adquisición
acquisition price, Precio de adquisición
acquittance, Carta de pago
across the board, Movimiento bursátil en general
act of God, Fuerza mayor
act of providence, Fuerza mayor
acting in concert, El acto cuando dos o más inversionistas actúan juntos para comprar o vender acciones de la misma empresa
active account, Cuenta activa
active bond, Bono activo
active bond crowd, Sociedades de Bolsa que negocian bonos activos en la NYSE
active immunization, Inmunización activa
active management strategy, Estrategia de manejo de activos de carteras
active market, Mercado activo
activity, Movimiento
actual cost, Costo real
actual liabilities, Pasivo real
actual rate of return, Tasa real de rendimiento
actual, Activo físico
actuarial, Valor actuarial
actuary, Actuario
added value tax, Impuesto al valor agregado
additional paid-in capital, Aportes de los accionistas superiores al valor nominal de la acción
additional dividend, Dividendo complementario
additional premium, Suplemento de prima

A

adjustable rate mortgage (ARM), Hipoteca de tasa flotante
adjustable rate preferred stock, Acción preferida a tasa flotante
adjustable debit balance, Saldo deudor ajustado
adjusted gross income, Ingreso bruto ajustado
adjusted strike price, Precio de ejercicio ajustado por dividendos
adjustment bond, Obligación negociable a largo plazo cuyo emisor pagará intereses sólo si la empresa genera utilidades suficientes
adjustment for inflation, Ajuste por inflacón
administrative expenses, Gastos administrativos
advance, Anticipo
advance-decline index, Índice de alzas y bajas
adverse stock market conditions, Coyuntura bursátil desfavorable
advisor sentiment, Opinión del asesor
advisory account, Cuenta de corretaje manejada por un operador que puede realizar las inversions sin consultar al cliente
affidavit, Declaración jurada
affiliate, Empresa subsidiaria o controlada
affiliated company, Subsidiaria
after hours trading, Operaciones poscierre
after market, Mercado secundario
after tax earnings, Ganancias netas
after tax yield, Rendimiento posterior al pago de impuestos aplicables
agency fee, Comisión que cobra el prestamista de créditos internacionales

A

aggregate amount, Suma total
aggregate demand, Demanda total
aggregate exercise price, Cantidad de papeles comprendidos en un "put" o un "call" (normalmente 100) multiplicada por el precio de ejercicio
aggregate supply, Oferta total
agreement among underwriters, Contrato entre colocadores
agreement on sale, Contrato de compra-venta
air pocket stock, Expresión para designar una acción cuyo valor sufrió una caída repentina
alien corporation, Sociedad extranjera
all or any part, Todo o parte, normalmente se refiere a orden de compra o venta que permite su ejecución sea parcial o total
All or None Order (AON), Orden de compra o venta que no permite que su ejecución sea parcial
allied member, Individuo que es socio o accionista con derecho a voto de una empresa social de la NYSE, pero que no es personalmente un accionista de la Bolsa
allocation of funds, Asignación de fondos
allotment, Aisgnación, distribución o reparto
allowance, Bonificación, reducción o descuento
alpha, Alfa, es decir la prima que obtendría una cartera si la tasa de rendimiento del mercado fuese igual a la de una cartera sin ningún riesgo
alpha stocks, Acciones de primera línea
alternative investment plan, Fórmulas alternativas de inversión
alternative order, Orden alternativa

A

amalgamation, Fusión
american currency quotation, Cotización en moneda estadounidense
american Depository Receipt (ADR), Certificado estadounidense de depósitos en custodia
american option, Opción estadounidense, es decir, opción que se puede ejercer en cualquier momento antes de la fecha de su vencimiento
amortization, Amortización, es decir, pago de un préstamo a través de cuotas periódicas que en el transcurso del tiempo cancelan los intereses y el capital
amount outstanding, Saldo
analyst, Analista financiero
ancillary balance sheet, Saldo general complementario
and interest, Más interes, es decir, es una expresión que informa al tenedor de bonos que, además del precio de cotización indicado, recibirá los intereses devengados
annual audit, Auditoría anual
annual balance sheet, Saldo anual
annual basis , Técnica estadística mediante lo cual las cifras que abarcan una plaza inferior a doce meses son extendidas para que cubran un lapso de doce meses
annual General Meeting (AGM), Asamblea general de accionistas
annual meeting, Asamblea general de accionistas
annual payment, Anualidad
annual Percentage Yield (APY), Rendimiento anual

A

annual report, Informe anual, o informe de memoria anual
annualize, Anualizar
annuity, Anualidad, o renta vitalicia
annuity bond, Bono perpetuo
Anticipated growth, Crecimiento previsto
anticipated losses, Pérdidas previstas
anticipation, Anticipo, es decir hacer un pago por adelantado
anti-takeover measure, Medida destinada a evitar que una sociedad adquiera el control de otra a través de la compra de acciones
antitrust laws, Legislación antimonopólica
application for a loan, Solicitud de crédito
application for incorporation, Solicitud de autorización para actuar como persona jurídica
appraisal, Tasación o valuación
appraisal value, Valor de tasación
appreciation, Incremento en el valor de un activo
approved list, Lista de inversiones que se pueden realizar un fondo común de inversión o institución financiera
approximate-limit order, Orden con límite aproximado
arbitrage, Arbitraje
arbitrage of exchange, Arbitraje de cambio
arbitrage operation, Operación de arbitraje
arbitrage pricing theory (APT), Teoría de la valoración del arbitraje
arbitrageur, Arbitrajista
arm's length transaction, Operación a precio de mercado

A

arrearage, Obligación pendiente de pago
arrears, Mora o atraso
arrears of interest, Intereses atrasados
articles of consolidation, Acta de fusión entre dos o varias empresas o entidades
articles of dissolution, Acta de liquidación
articles of incorporation, Acta constitutiva de una sociedad
artificial currency, Moneda artificial
ascending tops, Picos ascendentes
asiatic option, Opción asiática
ask, Precio de venta
asked price, Precio de venta
asking price, Precio de venta
assay, Ensayo
assented bonds, Bonos cuyos emisores acordaron reducir el pago de intereses y capital conforme a un plan de reestructuración
assessable profit, Ganancia imponible
assessed valuation, Valuación fiscal
assessment, Valuación o tasación
asset allocation, Asignación de activos
asset management, Administración de carteras
asset play, Acción cuyo precio de mercado es significantemente inferior al valor del activo de la sociedad
asset stripping, Vaciamiento
asset swap, Intercambio de activos
asset value, Valor libro

A

asset-backed securities (ABS), Títulos valores respaldados por activos
asset-liability management, Gestión o administración de activos y pasivos
assets, Activos o bienes
assets accounts, Cuentas del activos o bienes
assets turnover, Rotación de activos o bienes
assignment, Cesión, es decir, la transferencia de la propiedad de un bien, o titularidad de un derecho, a favor de otra persona o entidad
associate member, Asociados de la sociedad de Bolsa
at best, Al mejor precio
at par, A la par
at sight, A la vista
at the close order, Orden a precio de cierre
at the market, A precio de mercado
at the money, Frase que se usa para indicar que el precio de ejercicio de la opción es igual al precio actual de mercado
at the opening order, Orden a precio de apertura
attributable profits, Ganancias netas
auction, Subasta o remate
auction market, Mercado de operaciones al mejor postor
auction value, Valor de liquidación
audit, Auditoría
audit committee, Comité auditor
audit fees, Honorarios por auditoría
audit report, Informe del auditor
audited figures, Cifras revisadas
auditing standards, Normas de auditoría

A

auditor, Auditor o revisor de cuentas y libros
auditor opinion, Dictamen del auditor
authority bond, Bono emitido por repartición oficial cuyo capital e intereses se pagarán con los ingresos que genera ese mismo
authorized capital stock, Capital social autorizado
automated stock trading, Operaciones automáticas
automatic withdrawal, Retiro automático
availability of capital, Disponibilidad de capital
available balance, Saldo disponible
available credit, Crédito disponible
available funds, Fondos disponibles
average, Promedio
average annual yield, Rendimiento anual promedio
average balance, Saldo promedio
average cost, Costo promedio
average daily balance, Saldo diario promedio
average rate of exchange, Tipo de cambio promedio
average rise, Alza promedio
averages, Índices bursátiles
averaging down, Promediar a la baja
averaging up, Promediar al alza
away from the market, Frase que se usa cuando el precio que se ofrece para comprar (o vender) un título valor es inferior (o superior) a los actuales precios de mercado

B

baby bond, Bono cuyo valor nominal es inferior a $1,000 USA

back taxes, Impuestos correspondientes a años fiscales anteriores

back to back loan, Frase que se usa cuando una operación entre dos entidades con sedes centrales en diferentes países concuerdan prestarse mutuamente capitales equivalentes, según los tipos de cambio vigentes para sus respectivas divisas

back up, Cualquier cambio brusco en la dirección del mercado

backdating, Antedatar

back-end load, Comisión de salida

backlog, Valor de las órdenes pendientes de cumplimiento que tiene una empresa industrial

backup line, Línea de crédito bancaria a favor del emisor de un título de crédito a corto plazo con motivo que cubra la amortización de estos mismos títulos en caso de que no pueda emitir nuevos pagarés para reemplazarlos

backwardation, Mercado invertido

bad check, Cheque sin fondos o incobrable

bad debts, Deudores incobrables

bad debts provision, Previsión para deudores incobrables

bad delivery, Entrega de un título valor que no cumple con los requisitos fijados

bail, Fianza

B

bailout, Rescate financiero
balance, Saldo
balance of Payments (BOP), Saldo de pagos
balance of trade, Saldo del balance comercial
balance sheet, Saldo del balance general
balanced budget, Presupuesto equilibrado
balanced fund, Fondo común que invierte la misma proporción en acciones ordinarias, preferidas y bonos
balanced growth, Crecimiento equilibrado
balloon, Pago final por amortización de una deuda financiera que constituye de un muy importe superior a los reembolsos anteriores
balloon interest, Interés de las amortizaciones de una emisión que se incrementa en los últimos pagos
balloon maturity, Emisión de bonos o préstamos a largo plazo con cuotas de amortización que son mayores
bank, Banco
bank balance, Saldo bancario
bank charges, Gastos o cargos bancarios
bank clearing, Compensación bancaria
bank for International Settlements (BIS), BancoInternacional de Pagos
bank guarantee, Aval bancario
bank holding company, Tenencia, o "Holding," bancaria
bank line, Línea de crédito bancaria
bank loan, Préstamo bancario
bank note, Billete
bank of issue, Banco emisor
banker's acceptance, Aceptación bancaria
bankrupt, Bancarrota, quiebra, fallido, o concursado

B

bankruptcy, Quiebra, o concurso preventivo
bankruptcy assets, Activos de la quiebra
bankruptcy proceedings, Juicio de quiebra
bankruptcy trustee, Síndico de la quiebra
bar chart, Gráfico de barras
barometer, Barómetro
barometer stock, Sociedad barómetro
barren money, Dinero ocioso
barter, Permuta
base market value, Promedio del precio de mercado actual de un grupo de títulos valores en un dado momento
base period, Periodo de base
base rate, Tasa de interés base
basic indexes, Índices macroeconómicos básicos
basis, Base
basis point, Puntos básicos
basis price, Precio base
basis risk, Riesgo de base
basis trading, Operación de arbitraje en lo cual se toma una posición larga en un título valor y otra corta en otro papel similar cuyo objetivo es de obtener una diferencia de precio entre ambas posiciones
batch trading, Sistema de compra y venta de títulos valores donde las órdenes se acumulan y luego se ejecutan al mismo tiempo
BD form, Formulario que la sociedad de Bolsa completa y mantiene al día para la SEC que detalla el estado financiero de la empresa
bear, Inversor que cree que bajará el precio de una acción, un activo o el mercado en general

B

bear hug, Oferta favorable

bear market, Mercado bajista

bear raid, Intento de bajar el precio accionario

bear run, Tendencia bajista

bear spread, Estrategia en lo cual se adquiere una opción de compra con un determinado precio de ejercicio y al mismo tiempo se vende otra con un precio de ejercicio inferior

bear trap, Estrategia en lo cual se acumulan acciones y realizan ventas cortas para provocar la caída de dichos papeles

bearer bill of exchange, Letra de cambio al portador

bearer bond, Bono al portador

bearer certificate, Título valor al portador

bearer form, Al portador

bearer note, Pagaré al portador

bearer security, Título valor al portador

bearer stock, Acción al portador

bearish, Bajista

bearish tendency, Tendencia a la baja

beat the averages, Superar el rendimiento de los índices en general

before tax, Antes del pago de impuestos

beginning inventory, Inventario inicial

bell, Señal que da inicio y pone fin a la rueda o jornada

bells and whistles, Atractivos que se agregan a una inversión para que sea más interesante

bellwether stock, Acción líder

belly up, Frase que se usa para una empresa que está en concurso preventivo o quiebra

B

below cost price, Por debajo del precio de costo
below market rate, Por debajo de la tasa del mercado
below par, Bajo la par
below the line, Frase que se usa para indicar que no se incluye el resultado del ejercicio
benchmark, Punto de referencia
benchmark bond, Bono de referencia
benchmark portfolio, Cartera modelo o de referencia
beneficial owner, Beneficiario
beneficiary, Beneficiario
best efforts basis, Criterio del mayor esfuerzo
beta, Coeficiente que indica la volatilidad o riesgo sistemático
bid, Oferta o licitación
bid and asked, Precio comprador y vendedor
bid price, Precio comprador
bid wanted, Aviso mediante lo cual un poseedor de títulos valores anuncia que las quiere vender y solicita ofertas
bidder, Oferente o licitante
big bang, El 27 de octubre de 1986 que corresponde al día en que se desreguló el mercado de valores de Londres
big board, Un nombre para la Bolsa de Nueva York
bill, Letra de cambio, letra
bill of exchange, Letra de cambio
bill of lading, Documentación o conocimiento de embarque
billings, Facturación
Black Friday, Fuerte caída de un mercado financiero

B

black market, Mercado negro

Black Monday, Lunes negro, es decir el 9 de octubre de 1987 cuando la Bolsa se desplomó

black money, Dinero o efectivo negro

Black Scholes Option Pricing Model, Modelo de valuación de opciones Black Scholes

Black Thursday, Jueves negro, es decir, el 24 de octubre de 1929

blank, Espacio en blanco

blank stock, Acción en blanco

blanket bond, Seguro contra pérdidas causada por hechos deshonestas de los empleados

blanket fidelity bond, Seguro contra pérdidas causada por hechos deshonestas de los empleados

blanket recommendation, Recomendación general

blind brokering, Operaciones anónimas

block, Bloque, es decir, operaciones que consisten de más de 10,000 acciones

block trade, Operación en bloque

blocked funds, Fondos inmovilizados

blocked units, Bonos o acciones que no pueden negociarse durante un determinado período

blocked currency, Moneda o dividsa de movimiento internacional controlado

blowout, Venta casi inmediata de una emisión de títulos valores

blue chips, Acciones de primera línea

blue list, Publicación diaria estadounidense con los bonos que pusieron en venta unos 700 operadores y bancos, y que representan más de 3,000 millones de dólares en valor nominal

B

Blue Room, Sala ubicada al lado del recinto principal de la NYSE

board of arbitration, Junta arbitral

board of directors, Junta de directores o directorio

board room, Sala dentro de la casa de Bolsa donde los clientes pueden observar el tablero electrónico con los precios de las acciones

bogus money, Dinero falso

bond, Bono

Bond Anticipation Note (BAN), Título de deuda a corto plazo emitido por un gobierno o municipalidad estadounidense que paga con lo que recaude en la siguiente emisión de bonos

bond broker, Operador especializado en bonos

bond buyback, Recompra de obligaciones negociables

bond conversion, Conversión de bonos

bond coupon, Cupón del bono

bond creditor, Acreedor garantizado por bonos

bond crowd, Sociedades bursátiles accionarias de la Bolsa que compran y venden bonos

bond dividend, Dividendo en bonos

bond fund, Fondos de bonos

bond holder, Tenedor de bonos

bond indenture, Documento que especifica los derechos y obligaciones sea tanto del emisor como del poseedor de los bonos

bond investment trust, Fondo común que invierte en bonos

bond issue, Emisión de bonos

bond rating, Calificación de bonos

B

bond ratio, Porcentaje de la capitalización de una empresa representada por bonos
bond redemption, Rescate de bonos
bond swap, Intercambio de bonos
bonded debt, Deuda consolidada, deuda en bonos o deuda en obligaciones
book, Registro, libro mayor o libro contable
book amount, Valor o cifra según libros
book value, Valor libro o valor contable
book value per share, Valor libro de la acción
book-building, Recepción de ofertas
book-entry security, Título valor escritural
book-runner, Responsable por mantener lista de recepción de ofertas
boom in consumption, Auge de consumo
borrower, Prestatario
borrower's note, Reconocimiento de deuda
borrowing limit, Límite de préstamo
borrowing portfolio, Cartera con deuda
borrowing power, Capacidad de endeudamiento
borrowing power of securities, Capacidad de endeudamiento de los títulos valores
borrowing rate, Tasa de interés que paga el prestatario
bot, Punta compradora
bottom, Piso, es decir, el valor mínimo que registra un título valor o el mercado en general
bottom dropped out, Expresión que se usa cuando los precios caen bruscamente y se supone que el mercado ya había llegado a su nivel más bajo

B

bottom fisher, Inversor que compra acciones que supuestamente llegaron a su nivel más bajo, es decir, han tocado fondo

bottomed out, Tocar fondo, o cuando los precios tienden a subir de nuevo después de haber atravesado su piso

bought deal, Compromiso que asume el emisor de comprar todos los títulos valores comprendidos en la emisión

bounce, Recuperación en precio de una acción o un activo

bouncer, Cheque rechazado

boutique, Sociedad de Bolsa especializada y pequeña que sólo trabaja con una clientela limitada u ofrece productos limitados

box, Caja

bracket creep, Aumento del impuesto a las ganancias o utilidades que debe pagar un contribuyente como consecuencia de que los ingresos incrementaron para compensar la inflación

Brady bond, Bono Brady

breadth of market, Solidez o confianza de los movimientos del mercado

break, Baja de precio

breakeven point, Punto de equilibrio

breaking the syndicate, Disolución de un consorcio colocador

breakout, Ruptura

breakup, Desguazar, es decir, dividir una empresa en varias partes

breakup value, Valor de desguace

bridge loan, Préstamo puente

B

bridging loan, Préstamo puente

broad tape, Cinta ancha, es decir, el sistema que emplea Dow Jones & Co. para proporcionar información sobre las principales novedades bursátiles a las sociedades de Bolsa

broker, Corredor de Bolsa, comisionista de Bolsa, o agente bursátil

broker loan rate, Tasa de interés que los bancos cobran a los operadores que hacen préstamos para cubrir posiciones de sus clientes

brokerage fee, Comisión por corretaje

brokerage firm, Sociedad de Bolsa o Casa de Bolsa

brokerage house, Sociedad de Bolsa o Casa de Bolsa

broker-dealer, Agente bursátil o agente de Bolsa

brokered CD, Certificado de depósito que emite un banco y que lo compran las casas de Bolsa para revenderlo a sus clientes

budget, Presupuesto

budgetary control, Control presupuestario

budgetary policy, Política fiscal

budgeted cost, Costo presupuestado

budgeted expenses, Gastos presupuestados

budgeted investment, Inversión presupuestada

bulge, Alza repentina de precios

bull, Término para un inversor que cree que los precios de una acción, un activo, o del mercado en general, evolucionarán en alza y apuesta que el mercado suba

bull market, Mercado alcista

bull spread, Estrategia en lo cual se adquiere una opción de compra con un determinado precio de ejercicio y se vende otra opción de compra con un precio de ejercicio superior y la misma fecha de vencimiento

bulldog bond, Bono con una bligación negociable nominada en libras esterlinas y emitida por una empresa no británica

bullet bond, Bono de vencimiento único

bullish, Alcista

bunching, Combinar muchas órdenes de lotes pares que son ejecutadas juntas en el recinto de la Bolsa

bunny bond, Bono conejo

burnout, Término para el momento en lo cual el inversor no puede seguir postergando el pago de impuestos porque comenzó a recibir las ganancias de sus inversiones

business cycle, Ciclo económico

business cycle analysis, Análisis de la relación entre los sectores económicos y la economía sea nacional o internacional

business day, Día hábil

business risk, Riesgo propio del sector donde opera la empresa

business year, Año fiscal o ejercio económico

bust, Cancelación de una orden luego de su ejecución

busted convertibles, Títulos valores convertibles que se negocian como si fueran inversiones de renta fija

butterfly spread, Estrategia en lo cual se venden dos "calls" y se compran dos "calls" con fechas de vencimiento diferentes

buy in, Operación entre comisionistas de Bolsa donde el agente vendedor no entrega los títulos valores en la

B

fecha convenida lo cual obliga a que el agente comprador consiga las acciones de otras fuentes

buy minus, Autorización que se proporciona a un operador para que ejecute la orden de compra a un precio inferior al precio actual de mercado

buy on bad news, Estrategia donde se cree que poco después que la empresa anuncie malas noticias el precio de sus acciones caerá

buy on close, Comprar al cierre de una rueda o jornada

buy on margin, Comprar a margen

buy order, Orden de compra

buy side, Punta compradora

buy stop order, Orden de compra con precio tope

buy the book, Frase que se usa cuando hay orden al operador para comprar todas las acciones de una determinada empresa que están en venta al precio corriente

buy-and-hold strategy, Estrategia de acumulación

buy-and-write strategy, Estrategia en lo cual se compran acciones y luego se lanzan opciones de compra sobre esos mismos papeles

buyback, Recompra de acciones

buyer's market, Mercado que favorece a los compradores

buying power, Poder adquisitivo

buying rate, Tipo de cambio comprador

buyout, Compra de la participación mayoritaria de una empresa

bylaws, Estatuto de la sociedad

C

cabinet crowd, Miembros de la NYSE que operan con bonos de bajo volumen de negociación

cabinet security, Título valor inactivo

cage, Caja

calendar spread, Estrategia de inversión a través de lo cual se compran dos opciones sobre el mismo título valor pero con diferente fecha de vencimiento

call, Préstamo interbancario, o "call"

call loan, Préstamo que los bancos otorgan a los corredores de Bolsa con el propósito que éstos puedan abrir cuentas de margen

call money, "Call" bancario

call option, Opción de compra

call premium, Prima de rescate

call price, Precio de rescate

call protection, Período entre la emisión del bono y la fecha en que se puede rescatar

call provision, Cláusula de rescate

call rate, Tasa interbancaria

call spread, Estrategia en lo cual se compra y vende opciones de compra con diferentes fechas de vencimiento o distintos precios de ejercicio o ambos

callable bond, Bono rescatable

callable debt, Título de deuda rescatable

calls, Derecho a comprar 100 acciones a un precio predeterminado

cancel former order, Orden de cancelación y reemplazo

cancel order, Orden de cancelación

C

cap, capitalización
capital, Capital
Capital Assets Pricing Model (CAPM), Modelo de valoración de activos financieros (CAPM)
capital budget, Presupuesto para inversiones en bienes de capital
capital commitments, Compromisos de inversión
capital dividend, Dividendo de capital
capital expenditure, Inversiones en bienes de capital
capital flight, Fuga de capitales
capital gain, Ganancia o utilidad de capital
capital gains distribution, Distribución de ganancias de capital
capital gains tax, Impuesto a las ganancias de capital
capital goods, Bienes de capital
capital increase, Aumento de capital
capital investment, Inversiones en bienes de capital
capital lease, Arrendamiento financiero
capital loss, Pérdida de capital
capital market, Mercado de capitales
Capital Market Line (CML), Recta del mercado de capitals (CML)
capital market theory, Teoría para valuar activos de riesgo
capital outflow, Fuga de capitales
capital outlay, Inversiones en bienes de capital
capital requirements, Requisitos de capital
capital reserves, Reservas de capital
capital spending, Inversiones en bienes de capital
capital stock, Capital social autorizado

capital structure, Estructura del capital
capital turnover, Rotación de capital
capital-debt ratio, Coeficiente de endeudamiento
capital-intensive industry, Industria que requiere grandes inversiones en bienes de capital
capitalism, Capitalismo
capitalization, Capitalización, es decir, el poder o capacidad con lo cual cuenta una empresa para generar recursos que pasen a formar parte del patrimonio neto, a través de reservas de libre disposición o reservas obligatorias o estatutarias
capitalization weighted market index, Índice ponderado del mercado por capitalización bursátil
capped FRN, Título a tasa flotante con tope máximo de interés
capping, El acto de fijar una tasa de interés tope para un préstamo de tasa flotante
captive market, Mercado cautivo
carryback, Pérdida trasladable a ejercicios anteriores
carryforward, Pérdida trasladable a ejercicios posteriores con fines impositivos
carrying charge, Comisión que cobra el operador por mantener una posición a margen
cartel, Cartel
cash, Dinero en efectivo
cash account, Cuenta de corretaje al contado inmediato
cash advance, Anticipo en efectivo
cash basis, Criterio contable basado en lo percibido
cash commodity, Productos básico, o "commodity," que se recibe como resultado del cumplimiento de un contrato de futuros

C

cash contract, Contrato al contado inmediato
cash cow, Empresa que genera un continuo flujo de fondos
cash discount, Descuento por pago en efectivo
cash dividend, Dividendo en efectivo
cash equivalents, Equivalentes de caja
cash flow, Flujo de efectivo, flujo de caja
cash management bill, Letra del Tesoro estadounidense a muy corto plazo (normalmente entre 10-20 días) destinada a cubrir faltantes de efectivo temporarios
cash market, Mercado contado
cash matching, Forma de inmunización de carteras
Cash on Delivery (COD), Pago o reembolso contra entrega
cash price, Precio de contado
cash ratio, Coeficiente de caja
cash sale, Venta al contado
cash settlement, Liquidación al contado
cash trade, Operación de contado
cash transaction, Transacción al contado
cash value, Valor de contado
cashier's department, Caja
cashiering department, Caja
certificate, Certificado
Certificate of Deposit (CD), Certificado de depósito (CD)
certificate of deposit rollover, Estrategia de inversión que difiere el pago de impuestos de un año al siguiente

C

certificated share, Acción por la que se emite un certificado
certified check, Cheque certificado
certified financial planner, Asesor financiero autorizado
certified public accountant, Contador público autorizado
chairman, Presidente del directorio
Chapter 11, Capítulo 11 de la Ley de Bancarrota estadounidense
Chapter 7, Capítulo 7 de la Ley de Bancarrota estadounidense
characteristic line, Relación entre la rentabilidad que se espera de un papel o cartera y el retorno que se espera del mercado
charge off, Pasar a pérdida
charges, Gastos, comisiones, costos o recargos
charitable organization, Organización sin fines de lucro
chart, Gráfico
charter, Acta constitutiva de una sociedad
charting, Análisis por gráficos
chartist, Analista que trabaja con precios y volúmenes
cheap money, Frase que se usa cuando el público cuenta con fácil acceso a préstamos bancarios
Chief Executive Officer (CEO), Máximo ejecutivo responsable del cumplimiento de las políticas y metas fijadas por el directorio
Chief Financial Officer (CFO), Máximo ejecutivo responsable del manejo de fondos
Chief Operating Officer (CCO), Máximo ejecutivo responsable de la gestión diaria de la empresa

C

churning, Práctica de los agentes bursátiles que consiste en que realicen excesivas compras y ventas en las cuentas de sus clientes con el sólo propósito de generar comisiones

circuit breakers, Medidas que implementan las grandes Bolsas de para suspender temporariamente las operaciones con acciones o futuros sobre índices para evitar que el mercado registra bruscas caídas

claim, Reclamo

class, Clase

class A stocks, Acciones Clase A

class B stocks, Acciones Clase B

clean, Sin deudas

clean draft, Letra de cambio sin documentación adjunta

clean float, Tipo de cambio libre

clean trade, Operación bursátil en bloque que cumple precisamente con lo solicitado por los clientes en sus respectivas órdenes de compra y venta

clearing house, Cámara compensadora

clearing house funds, Fondos que estarán disponibles al siguiente día hábil

clip, Separar el cupón de interés de un bono al portador

clone fund, Frase para denominar un fondo de inversión que nace de la subdivisión de otro fondo más grande

close, Precio de cierre

close a position, Cerrar una posición bursátil

close corporation, Sociedad que no cotiza en Bolsa

close out, Acto de liquidar la posición de un cliente que no puede mantener el margen de garantía o cubrir una venta corta

closed end fund, Fondo de inversión cerrado

C

closed end trust, Fideicomiso cerrado
closed fund, Fondo cerrado
closed-end management company, Sociedad gerente de fondos cerrados
closely held company, Sociedad cuyas acciones pertenecen a un grupo limitado de accionistas
closing balance, Saldo final
closing date, Fecha de cierre
closing price, Precio de cierre
closing quote, Cotización de cierre
closing range, Banda de precios dentro de lo cual se puede ejecutar una orden de compra o venta
closing rate, Tipo de cambio de cierre
closing sale, Venta de una opción que tiene las mismas características que la opción previamente comprada
closing transaction, Reducción o eliminación de una operación u opción que esté abierta
collateral, Garantía
collateral loan, Crédito con garantía especial
collateral security margin, Aforo, es decir el margen o diferencia entre el valor de mercado de un título valor entregado en garantía y el crédito otorgado
collateral trust bond, Obligación negociable respaldada por activos de otra empresa o sociedad
collateralized mortgage obligation, Obligación garantizada con hipotecas
Collect on Delivery (COD), Pago o reembolso contra entrega
collectibles, Objetos que coleccionan los inversores
collection, cobro

C

collection ratio, Relación entre las cuentas a cobrar de una empresa y sus ventas diarias promedio
combination option, Opción combinada
combined financial statement, Estados contables combinados
commercial paper, Obligación negociable a corto plazo
commingled fund, Fondo de inversión combinado
commission, Comisión
commission broker, Intermediario a comisión
commitment fee, Comisión de mantenimiento
commodities, Productos básicos, materias prima o "commodities"
commodity fund, Fondo que invierte en productos básicos, o "commodities"
commodity option, Opción sobre productos básicos, o "commodities"
commodity product spread, Estrategia que combina un product báscio, o "commodity," con un subproducto del sí mismo
commodity-backed bond, Bono respaldado por productos básicos, "commodities"
common factor, Factor común
common shares, Acciones ordinarias o acciones comunes
common stock equivalents, Equivalentes de acciones ordinarias
common stock fund, Fondo que invierte en acciones ordinarias
common stock issue, Emisión de acciones ordinarias
common stock ratio, Proporción de acciones ordinarias
common stocks, Acciones ordinarias
company, Compañía, empresa o sociedad

C

company risk, Riesgo que incurre una empresa
comparative advantage, Ventaja comparativa
comparative figures, Cifras comparativas
competitive bid, Subasta de bonos soberanos
competitive devaluations, Devaluaciones competitivas
competitive factors, Factores de competitividad
competitive trader, Miembro de un mercado autorizado a operar con cartera propia
compliance department, Departamento de control
compliance officers, Inspectores contratados por la NYSE o por las sociedades de Bolsa para que detecten cualquier acto deshonesto o ilegal por parte de los agentes bursátiles
composite indexes, Índices compuestos
composite tape, Cinta de reporte de operaciones
compound growth rate, Tasa de crecimiento compuesta
compound interest, Interés compuesto
compounding, Intereses compuestos
comptroller, Miembro del departamento de finanzas de una empresa encargado de supervisar las funciones relacionadas con la generación del excedente economic, controller
Comptroller of the Currency, Superintendente de entidades financieras
concealed assets, Activos encubiertos
concession, Descuento sobre el precio minorista del título valor que se le otorga a los colocadores
conditional rating, Calificación provisoria
condor spread, Estrategia con opciones compuesta de margen que consisted de cuatro opciones y cuatro precios de ejercicio

C

confirmation, Confirmación
conglomerate, Conglomerado
consideration, Contraprestación
consol, Título de deuda perpetuo
consolidated account, Cuenta consolidada
consolidated balance sheet, Balance general consolidado
consolidated bond, Bono de consolidación de deudas
consolidated income statement, Estado de resultados consolidados
consolidated loan, Préstamo que combina y refinancia otros créditos o deudas
consolidated mortgage bond, Emisión de bonos respaldados por hipotecas
Consolidated Quotation System (CQS), Sistema consolidado de cotizaciones
consolidated stock tables, Tablas con información bursátil
consolidated tape, Cinta de reporte de operaciones
consolidated tax return, Declaración de impuestos consolidada
consolidation, Unión de dos o más sociedades para realizar la creación de una nueva
consortium, Consorcio de empresas
constant dollars, Dólares constants, es decir dólares ajustados por inflación
consumer goods, Bienes de consumo
Consumer Price Index (CPI), Índice de precios al consumidor
consumption, Consumo
consumption loan, Préstamo personal
consumption tax, Impuesto al consumo

contingent liabilities, Pasivo contingente
contingent order, Orden condicional
continuous markets, Mercado continuo
contra broker, Agente bursátil de la punta contraria de la operación
contract, Contrato
contract month, Mes de entrega
contract price, Precio contratual
contract size, cantidad de cada especie subyacente
contrarian, Inversor que realiza operaciones bursátiles opuestas a las realizadas por los demás inversores
contributed capital, Capital aportado
control stock, Acciones que pertenecen a quienes poseen la participación mayoritaria de la empresa
controlled commodities, Productos básicos, o "commodities," reguladas
controlled company, Subsidiaria
controller, Miembro del departamento de finanzas de una empresa encargado de supervisar las funciones relacionadas con la generación del excedente economic, o controller
controlling interest, Participación mayoritaria
convergence, Convergencia
conversion, Conversión
conversion feature, Derecho a convertir un bono por acciones comunes
conversion parity, Paridad de conversión
conversion premium, Prima de conversión
conversion price, Precio de conversión
conversion ratio, Relación de conversion

C

conversion value, Valor de conversión
convertible bond, Bono convertible
convertible debt, Título de deuda convertible
convertible preferred stock, Acciones preferidas convertibles
convertibles, Acciones y obligaciones negociables convertibles
corner portfolio, Cartera eficiente
cornering in the market, Acaparamiento de una especie para manipular el mercado
corporate bonds, Obligaciones negociables de una empresa
corporate insider, Individuo vinculado a la empresa
corporation tax, Impuesto a las ganancias corporativas
correction, Corrección
correlation coefficient, Coeficiente de correlación
cost, Costo
cost basis, Costo de origen
cost of capital, Costo de capital
cost of carry, Costos directos que asume el inversor para mantener una posición de títulos valores
cost of goods sold, Costo de mercaderias vendidas
cost of living index, Índice del costo de vida
cost of sales, Costo de realizar ventas
cost-benefit analysis, Análisis de la relación costo-beneficio
cost-of-life index, Índice del costo de vida
cost-plus contract, Contrato que basa el precio de venta de un producto sobre el costo total incurrido en su fabricación más un porcentaje fijo
cost-push inflation, Inflación de costo

C

counter cyclical industries, Sectores que se mueven en dirección opuesta al ciclo económico
country risk, Riesgo de un país
coupon, Cupón, es decir el interés anual que paga un tiítulo de deuda
coupon bond, Bono al portador
coupon clipping, Corte de cupón
coupon payment, Pago contra presentación de un cupón
coupon rate, Tasa del cupón
coupon stripping, Corte de cupón y la venta de la misma
covariance, Covarianza
covenant of equal coverage, Cláusula de compromiso negativo
cover, Cubrir, es decir cerrar una posición abierta
covered call writer, Lanzador de una opción cubierta
covered call writing, Lanzamiento de una opción cubierta
covered option, Opción cubierta
covered option securities, Bonos con opción cubierta
covered put, Opción de venta cubierta
covering short, Cubrir una posición abierta
crash, Caída precipitada de los precios accionarios y de la actividad económica, es decir un "crack"
crawling peg, Microdevaluación periódica
credit, Crédito
credit analyst, Analista de créditos
credit balance, Saldo acreedor
credit bureau, Bureau de créditos, es decir una agencia de información comercial
credit facility, Línea de crédito

C

credit rating, Calificación crediticia
credit risk, Riesgo crediticio
credit spread, Diferencia entre el valor de dos opciones,
credit union, Cooperativa financiera
credit watch, Señal de alerta mediante lo cual una agencia calificadora anuncia que modificará la calificación de una empresa o entidad
creditor, Acreedor
creditor's meeting, Junta de acreedores
creditor's petition in bankruptcy, Pedido de quiebra a instancia del acreedor
creeping tender offer, Adquisición furtiva
cross currency coupon swap, "Swap" cruzado de intereses y divisas
cross hedge, Cobertura cruzada
cross rate, Cotización cruzada
cross, Operación en la que el mismo agente bursátil actúa como intermediario de los dos puntos de la transacción
cross-holdings, Cruce de participaciones
crossed sale, Venta cruzada
crossed trade, Venta cruzada
crossing, Operación en la que el mismo agente bursátil actúa como intermediario de los dos puntos de la transacción
crown jewel defense, Estrategia contra adquisiciones hostiles
crown jewels, Divisiones dentro de una empresa que son las más preciadas por su valor libro
cum dividend, Con dividendo
cum rights, Con derechos de suscripción

C

cum-dividend, Con dividendos
cumulative dividends, Dividendos acumulativos
cumulative preferred, Acciones preferidas de dividendo acumulativo
cumulative voting system, Método de votacion acumulativa
currency, Moneda o divisa
currency basket, Canasta de monedas o divisas
currency board, Caja de conversión
currency futures contract, Contrato de futuro sobre divisas
currency in circulation, Circulación monetaria
currency option, Opción sobre divisas
currency risk, Riesgo cambiario
current assets, Activo corriente
current issue, Emisión actual
current liability, Pasivo corriente
current market value, Valor actual de mercado
current maturity, Período entre la fecha actual y la fecha de vencimiento de un bono
current ratio, Liquidez corriente
current yield, Retorno actual
cushion, Período entre la emision del bono y la fecha en que puede ser rescatado
cushion bond, Bono rescatable con cupón superior a las tasas de interés del mercado que se vende a un precio superior a su valor nominal
custodian, Banco custodio
custody, Custodia
customer's man, Ejecutivo de cuenta

C

customers' net debit balance, Suma total de los créditos que las casas de Bolsa socias de la NYSE otorga a los clientes para financiar compra de acciones
cutoff point, Mínima tasa de retorno aceptable para una inversión
cut-throat competition, Competencia desleal
cycle, Ciclo
cycle (business cycle), Ciclo económico
cyclical industries, Industrias cíclicas
cyclical stock, Acción ciclica

D

daily balance Sado diario
daily trading limit, Límite de fluctuación diaria
daisy chain, Compras y ventas que realizadan los manipuladores del mercado para dar la impresión de que el volumen de negociación es elevado lo cual atrae a los inversores legítimos
date, Fecha
date of record, Fecha de registro
dated date, Fecha a partir de lo cual se puede calcular los intereses devengados sobre nuevos bonos
dating, Prórroga del crédito más allá de los terminos normales que el proveedor normalmente fija a sus clientes
day loan, Préstamo de un día
day order, Orden para negociar una especie durante la rueda o jornada
day trade, Compra y venta de una posición en la misma rueda o jornada
day trading, Operaciones con posiciones abiertas y cerradas durante el mismo día
day-to-day money, Dinero o divisa colocada por un día
dead account, Cuenta sin movimiento
deadline, Fecha de entrega o fecha límite
deal, Acuerdo, operación, transacción
deal stock, Acciones afectadas por rumores o estrategias de una acción para tomar control, un "takeover"
dealer, Operador o agente de Bolsa
dealership, Intermediación financiera

D

debit, Débito
debit balance, Saldo deudor
debit spread, La diferencia entre el valor de dos opciones cuando el valor de la opción que se compra supera el de la opción que se vende
debt, Deuda
debt instruments, Títulos de deuda
debt interest, Intereses de la deuda
debt limit, Límite de deuda
debt ratio, Endeudamiento
debt refunding, Refinanciación de deuda
debt restructuring, Reestructuración de la deuda
debt retirement, Pago de deuda, liquidación de una obligación
debt security, Título de deuda
debt service, Servicio de la deuda
debt servicing cost, Costo del servicio de la deuda
debtor, Deudor
debt-to-equity ratio, Relación entre deuda y capital
declared dividend, Dividendo declarado
declared reserves, Reservas declaradas
deep discount bond, Bonos cuyos cupones son muy bajos respecto a las tasas de interés vigentes
deep in the money, Frase que se usa para hacer referencia a una opción de compra con precio de ejercicio inferior al precio de mercado del valor subyacente
deep out of the money, Frase que se usa para hacer referencia a una opción de compra con precio de ejercicio superior al precio de mercado del valor subyacente

D

default, Falta de pago, incumplimiento
default premium, Prima por riesgo de incumplimiento
default risk, Riesgo de incumplimiento
defensive acquisition, Adquisición de defensa
defensive securities, Papeles defensivos, sean acciones o bonos o ambos
defer, Diferir, aplazar o postergar
deferral of taxes, Postergación del pago de impuestos
deferred charges, Gastos o cargos diferidos
deferred cost, Costo diferido
deferred dividends, Dividendo diferido
deferred expenses, Gastos diferidos
deferred liabilities, Deudas diferidas
deferred payment annuity, Anualidad de pago diferido
deferred tax, Impuesto diferido
deficiency letter, Carta de la SEC a un futuro emisor de acciones donde expresa su desaprobación para que cotice en Bolsa
deficit, Déficit
deflation, Deflación
delayed delivery, Entrega demorada
delayed opening, Apertura demorada
delayed settlement, Liquidación demorada
delinquency, Incumplimiento o morosidad
delinquency charges, Recargos por incumplimiento o mora
delinquency debtors, Deudores morosos
delisted stocks, Acciones de cotización suspendida

D

deliverable bills, Letras del Tesoro que cumplen con los criterios de la Bolsa en que cotiza en operaciones con futuros y opciones
delivery, Entrega
delivery date, Fecha de entrega
delivery notice, Aviso de entrega
delivery on payment, Pago contra entrega
delta, Delta, es decir el cálculo que mide la relación entre el precio de una opción y el precio del activo subyacente
demand deposits, Depósitos a la vista
demand draft, Letra de cambio a la vista
demand for stock, Demanda de acciones
demand loan, Préstamo a la vista
demand-pull inflation, Inflación de demanda
demonetization, Retiro de circulación de un tipo de circulante, como sería de la plata, oro o divisa
denomination, Nominación
depletion, Agotamiento de recursos naturales
deposit, Depósito
deposit rate, Tasa de interés para los depósitos
depositary company, Sociedad depositaria
depository trust company, Empresa que es miembro de las sociedades de Bolsa de Wall Street que cuenta con derecho de actuar como intermediaria en la liquidación de acciones y bonos
depreciated cost, Valor neto contable
depreciated currency, Moneda devaluada
depreciation, Amortización
depression, Depresión

D

deregulation, Desregulación
derivative instrument, Instrumento derivado
descending tops, Picos descendentes
designated order turnaround, Nombre dado al sistema electrónico que usa la NYSE para acelerar la ejecución de las órdenes chicas derivándolas directamente al especialista con lo cual llega al operador de recinto
devaluation, Devaluación
devalued currency, Moneda devaluada
diagonal spread, Frase para la estrategia que se basa en adquirir una posición corta y otra larga en el mismo tipo de opción pero con diferentes precios de ejercicio y fechas de vencimiento
differential, Recargo por lote parcial
differential cost, Costo marginal
differential return measure, Retornos diferenciales en una cartera
digits deleted, Dígitos omitidos
dilution, Dilución
dip, Leve caída
direct charges, Gastos o cargos directos
direct cost, Costo directo
direct financing, Financiación directa
direct placement, Colocación directa
direct tax, Impuesto directo
dirty float, Flotación controlada
disbursement, Desembolso
discharge of bankruptcy, Rehabilitación del fallido
disclosure, Requerimiento de la SEC y de las Bolsas estadounidenses a las empresas cotizantes que publiquen toda información, positiva o negativa, que

D

pueda tener influencia sobre la decisiónde los si realizan una inversión

discount, Descuento

discount bond, Bono descontado

discount broker, Agente de Bolsa que cobra menor comisión

discount rate, Tasa de descuento

discount window, Oficina de la Reserva Federal estadounidense adonde se dirigen los bancos cuando solicitan préstamos a tasas de descuento

discount yield, Rendimiento descontado

discounting, Proceso para calcular el valor presente de instrumentos de inversión

discretion, Libertad de acción que disfruta el agente de recinto

discretionary accounts, Cuentas discrecionales

discretionary income, Ingresos discrecionales que presumamente se pueden ariesgar sin perjudicar la economía o el patrimonio del individuo

discretionary order, Orden abierta discrecional

discretionary trust, Fideicomiso discrecional, o fondo común cuyas inversiones no se limitan a una determinada clase de títulos valores

diseconomies of scale, Deseconomías de escala

disintermediation, Desintermediación

disinvestment, Desinversión

disposable income, Ingresos disponibles

distributing syndicate, Grupo de sociedades de Bolsa y bancos de inversión encargadas de vender un bloque grande de títulos valores de tal manera de no afectar su precio de mercado

D

distribution area, Área de distribución
diversification of risks, Diversificación de riesgos
diversified company, Empresa diversificada
diversified investments, Inversiones diversificadas
divestiture, Venta de una división o subsidiaria de la empresa
dividend, Dividendo
dividend adjustment, Ajuste de dividendos
dividend capture, Captura de dividendos
dividend decision, Decisión de fijar el monto de los dividendos
dividend off, Sin dividendo
dividend on, Con dividendo
dividend paying agent, Agente pagador de dividendos
dividend payment date, Fecha de pago de dividendos
dividend payout ratio, Porcentaje de las utilidades netas de la sociedad que se destina al pago de dividendos
dividend per share, Dividendo por acción
dividend reinvestment plan, Plan de reinversión de dividendos
dividend rollover plan, Estrategia de compra y venta de acciones cerca de la fecha del ex-dividendo para cobrar el dividendo y generar una utilidad con dicha operación
dividend yield, Rendimiento de una acción
dividends, Dividendos pagados en efectivo
dividends payable, Dividendos a pagar
do not reduce (DNR), Instrucción que se agrega a una orden de compra con precio máximo o a una orden de venta con precio mínimo para que el operador no

D

reduzca la orden cuando la acción entra en el tiempo ex-dividendo

documentary draft, Letra de cambio documentada

dollar bond, Bono nominado en dólares pero emitido fuera de los Estados Unidos

dollar cost averaging, Promediar en dólares estadounidenses un precio por compras regulares

dollar shortage, Faltante de dólares estadounidenses

domestic corporation, Empresa nacional

domestic market, Mercado nacional

domestic return, Retorno de las inversiones nacionales

don't fight the tape, Expresión que aconseja no realizar operaciones contrarias a la tendencia del mercado

don't know, Frase para indicar que uno ignora los detalles de una operación

donated capital, Capital donado

donated surplus, Capital donado

dormant account, Cuenta sin movimiento

dormant company, Empresa inactiva

double bottom, Doble piso

double exempt fund, Fondo de inversión que limita sus inversiones a bonos exentos de impuestos

double taxation, Doble imposición de impuestos

double-barreled bond, Bono municipal estadounidense cuyo capital e intereses están respaldados por una entidad municipal más grande

doubtful debts, Deudores morosos

Dow Jones Industrial Average (DJIA), Índice Industrial Dow Jones

Dow theory, Teoría que sostiene que cualquier tendencia significante en la Bolsa de valores debe confirmarse

D

por un movimiento similar en el Índice Industrial Dow Jones o por el Índice de Transporte Dow Jones

down payment, Enganche

downgrading, Bajar la clasificación

downstream, Flujo de préstamos de la sociedad controlante a sus subsidiarias

downtick, Venta de un título valor a un precio inferior a la venta anterior

downtrend, Tendencia a la baja

downturn, Caída

draft, Letra de cambio

drawer, Librador

droplock bond, Bono de tasa flotante que automáticamente se convierte en una inversión de renta fija cuando la tasa de interés empleada para fijar el valor de la tasa flotante cae por debajo de un determinado nivel

dual currency bond, Bono de doble divisa

dual listing, Cotización en varios mercados

dual purpose fund, Fondo de doble propósito

dual trading, Práctica en lo cual operadores de productos básicos, "commodities," que consiste en realizar transacciones para sus propias cuentas y para las cuentas de sus clientes

due date, Fecha de vencimiento

due diligence, Práctica en lo cual se evalua minuciosamente los libros de una empresa que participará de una fusión o adquisición

due diligence meeting, Junta organizada por el emisor de una oferta pública para que los operadores de Bolsa puedan hacer preguntas a los representantes

D

    del emisor sobre su situación financiera y el uso que le dará a la suma recaudada con la venta de los papeles

dummy, Testaferro
dumping, Actividad que constituye competencia desleal
durable goods, Bienes durables
duration, Duración
dutch auction, Subasta con sistema holandés
duty, Arancel aduanero
dwelling loan, Préstamo para vivienda
dynamic hedging, Estrategia de corto plazo que usa opciones sobre índices

E

early exercise, Ejercicio anticipado, normalmente de una opción estadounidense
early withdrawal penalty, Penalidad o castigo por retiro antes de tiempo
earned income, Ingresos personales
earned interest, Intereses devengados
earned surplus, Beneficios acumulados
earning assets, Activo redituable
earning power, Capacidad de generar ganancias
earning-price ratio, Relación ganancia-precio
earnings, Ganancias, utilidades o beneficio económico
earnings multiple, Relación ganancia-precio
earnings per share (EPS), Ganancias por acción
earnings report, Estado de resultados
earnings statement, Estado de resultados
earnings stream, Flujo de ganancias
earnings yield, Relación ganancia-precio
easily marketable asset, Activo fácilmente realizable
easy money, Dinero barato
econometrics, Econometría
economic activity, Actividad económica
economic aggregates, Agregados económicos
economic bottleneck, Estrangulamiento económico
economic growth, Crecimiento económico
economic indicators, Indicadores económicos
economic infrastructure, Infraestructura económica
economic life, Vida útil
economic outlook, Perspectivas económicas

E

economic policy, Política económica
economic prospects, Perspectivas económicas
economic recovery, Reactivación económica
economic situation, Situación económica o coyuntura económica
economic stagnation, Estancamiento económico
economic upswing, Recuperación económica
economic value, Valor económico
economic variables, Variables económicas
economy, Economía
economy of scale, Economía de escala
edge, Diferencia entre los precios de compra y de venta
effective annual yield, Rendimiento anual efectivo
effective date, Fecha en que puede empezar la oferta de una emisión de acciones
effective net worth, Patrimonio neto efectivo
effective rate of interest, Tasa de interés efectiva
efficient market, Mercado eficiente
efficient market hypothesis, Hipótesis del mercado eficiente
efficient portfolio, Cartera eficiente
efficient set, Frontera eficiente
either/or order, Orden alternativa
elasticity of demand, Elasticidad de la demanda
elasticity of supply, Elasticidad de la oferta
electronic fund transfer, Transferencia electrónica de fondos
eligible margin, Garantia aceptable para una cuenta de margen

E

empirical regularities, Diferencias en el retorno que se producen con regularidad

employee stock ownership plan (ESOP), Programa que permite a los empleados que compren acciones ordinarias de la empresa donde trabajan

encumbered assets, Bienes gravados

encumbrance, Gravamen en el sentido de un derecho de garantía sobre un bien inmueble

endorse, Endosar

endorsement, Endoso

energy stocks, Acciones del sector energía

environmental fund, Fondo especializado en empresa que se esfuerzan por mejorar o no dañar el medio ambiente

equalizing dividend, Dividendo compensatorio

equal-weighted market index, Índice de un mercado compuesto por títulos valores de igual peso

equilibrium price, Precio de equilibrio

equipment, Equipos o maquinarias

equipment bond, Bono respaldado por maquinarias o equipos

equity, Capital o patrimonio neto

equity financing, Financiación a través de la emisión de acciones

equity fund, Fondo que invierte en empresa que no cotizan en Bolsa

equity funding, Clase de inversión que combina una póliza de seguro con un fondo de inversión

equity interest, Participación en el capital

equity option, Opción sobre acciones comunes

equity securities, Acciones comunes o preferidas

E

equity trust, Fondo que invierte en acciones
equivalent taxable yield, Frase que se usa para comparación del rendimiento imponible de una obligación negociable y el rendimiento exento de impuestos de un bono municipal
escrow account, Cuenta recaudadora
estimated cost, Costo estimado
estimated expenditure, Gastos estimados
estimated tax, Impuesto estimado
estimated useful life, Vida útil estimada
estimated value, Valor estimado
ethical investment, Inversiones socialmente responsables
euro, Unidad Monetaria Europea
eurobond, Eurobono
eurocurrency, Eurodivisa
eurodollar, Eurodólar, es decir dólares depositados en bancos fuera de Estados Unidos, particularmente en Europa
eurodollar bond, Bono denominado en eurodólares
eurodollar Certificate of Deposit, Certificado de depósito en eurodólares
euromoney, Eurodivisa
euronotes, Euronotas
European Currency Unit (ECU), Unidad Monetaria Europea
European Monetary System (EMS), Sistema Monetario Europeo
European option, Opción europea
European Union (EU), Eunion europea
evening up, Compra o venta para cancelar
event risk, Riesgo eventual

E

ex date, Fecha de emisión
exact interest, Interés exacto
excess margin, Margen disponible
excess profits tax, Impuesto extraordinario que se imponen para elevar la recaudación de fisco
excess reserves, Excedente de reservas
excess return, Retorno superior al comportamiento del mercado
exchange controls, Controles de cambio
exchange distribution, Operación en bloque realizada dentro del recinto bursátil y entre clientes de una firma con asiento en la Bolsa
exchange gains, Ganancias por diferencias cambiarias
exchange losses, Pérdidas realizadas por diferencias cambiarias
exchange privilege, Privilegio de traspaso
exchange rate, Tipo de cambio
exchange rate difference, Diferencia de tipo de cambio
exchange rate mechanism (ERM), Sistema Monetario Europeo
exchange risk, Riesgo cambiario
exchange ticket, Minuta
exchange-traded security, Título valor que cotiza en Bolsa
excise tax, Impuesto al consumo
ex-coupon, Sin cupón, sin intereses
ex-dividend, Sin dividendos, ex dividendo
execution at the close, Ejecutar al cierre
exempt security, Título valor eximido de alguna obligación

E

exercise, Ejercer
exercise cycle, Fechas de ejercicio de las opciones
exercise limit, Límite de ejercicios
exercise note, Aviso de ejercicio
exercise price, Precio de compra de acciones para el tenedor de convertibles, o precio de ejercicio de un contrato de opciones
eximbank, Nombre para el "Export-Import Bank"
exit fee, Comisión de salida
exogenous variables, Variables exógenas
expansionary monetary policy, Política monetaria expansiva
expected return, Retorno esperado
expected return vector, Retornos esperados para un conjunto de especie
expected value, Valor esperado
expected yield to maturity, Rendimiento esperado hasta el rescate
expenditure, Gasto o desembolso
expenses, Gastos, egresos
expert accountant, Perito contable
expert appraisal, Perito tasador
expiration, Vencimiento o expiración
expiration cycle, Ciclo de vencimientos de series de opciones
expiration date, Fecha de vencimiento
export controls, Controles sobre la exportación
export credit, Crédito para exportaciones
export quota, Cupo de exportación

E

export-Import Bank, Banco de Exportaciones e Importaciones estadounidense
exports, Exportaciones
ex-rights, Sin derechos de suscripción
extendable bond, Bono prorrogable
extended diversification, Diversificación de una cartera por inversión internacional
extendible note, Título a tasa flotante cuya tasa de interés se ajusta cada dos años según el índice vigente del mercado
external audit, Auditoría externa
external charges, Gastos externos
external debt, Deuda externa
extra dividend, Dividendo extraordinario
extraordinary gain, Ganancia extraordinaria
extraordinary loss, Pérdida extraordinaria
extrinsic value, Valor tiempo de las acciones
ex-warrants, Sin contrato o instrumento financiero derivado, o sin "warrants"

F

face value, Valor nominal
factor model, Modelo de valuación que usa factores económicos claves
factoring, Descuento de facturas o documentos
fail to deliver, Incumplimiento en la entrega
fail to receive, Frase que se usa cuando el agente bursátil del comprador no recibe los títulos valores en la fecha estipulada y por lo tanto no está obligado a realizar el pago
fail/fail position, Operación no concretada
failure, Quiebra o fracaso
fair market value, Valor justo de mercado
fair rate of return, Tasa justa de retorno o ganancias
fall due, Vencer o resultar pagadero
fallen angels, Frase que se usa para bonos que en el momento de su emisión tenían categoría de ser buenos, o sea, "investment grade," pero que posteriormente recibieron una calificación menor
false return, Declaración impositiva con información falsa
family of funds, Familia de fondos
Fannie Mae (Federal National Mortgage Association), Asociación patrocinada por el gobierno federal estadounidense que compra hipotecas y las revende a inversores
farther in, Contrato de opción cuyo vencimiento es anterior respecto a otro

F

farther out, Contrato de opción cuyo vencimiento es posterior respecto a otro
favorable trade balance, Balanza comercial favorable
favorite fifty, Cincuenta acciones favoritas de los inversores institucionales
Fed, Reserva Federal
Fed funds, Fondos federales
Fed wire, La red de comunicaciones de alta velocidad que conecta a los doce bancos del Sistema de la Reserva Federal en Estados Unidos
Federal agency security, Bono emitido por una agencia federal de crédito
Federal deficit, Déficit federal
Federal funds, Fondos federales
Federal funds rate, Tasa de interés para fondos federales
Federal Reserve Bank, Banco de la Reserva Federal
Federal Reserve Board, Directorio de la Reserva Federal
Federal Reserve System, Sistema de la Reserva Federal
Federal Trade Commission (FTC), Comisión Federal de Comercio
Federal wire, La red de comunicaciones de alta velocidad que conecta a los doce bancos del Sistema de la Reserva Federal en Estados Unidos
fence, Conversión
fictitious credit, Crédito ficticio
fidelity bond, Seguro contra pérdidas originadas por actos deshonestos de los empleados
fiduciary, Fiduciario
fight the tape, Realizar operaciones contrarias a la tendencia del mercado
figures, Cifras

F

fill, Ejecutar una orden completa
fill or kill order, Orden de ejecución inmediata
final dividend, Último dividendo del ejercicio económico
final installment, Última cuota
finance charge, Costo financiero
finance company, Emprea financiera
Financial Accounting Standards Board (FASB), Organismo estadounidense que establece los principios contables generalmente aceptados
financial analyst, Analista de activos financieros
financial asset, Activo financiero
financial center, Centro financiero
financial charge, Costo financiero
financial cost, Costo financiero
financial expenses, Gastos financieros
financial futures, Futuros financieros
financial institution, Intermediario financiero
financial investment, Inversión en activos financieros
financial lease, Arrendamiento financiero
financial leverage, Apalancamiento
financial markets, Mercados financieros
financial period, Ejercicio económico
financial planner, Asesor financiero
financial position, Situación o posición financiera
financial press, Prensa financiera
financial pyramid, Pirámide de riesgo financiero
financial records, Libros contables
financial risk, Riesgo financiero
financial statement, Estados contables o estado de cuenta de inversiones

F

financial structure, Estructura financiera
financial supermarket, Supermercado financiero
financial year, Año fiscal o, año económico
financing, Financiación
finder, Intermediario
finder's fee, Comisión del intermediario
finished goods, Productos elaborados y listos para comercialización
firm, Firme, es decir, algo que describe mercados con cotizaciones sólidas y con tendencia al alza
firm commitment, Compromiso en firme
firm order, Orden en firme
firm quote, Cotización en firme
firm underwriting, Colocación en firme
first call date, Primera fecha de rescate
first cost, Costo de adquisición
first mortgage, Hipoteca de primer grado
first mortgage bond, Bono con garantía hipotecaria de primer grado
first preferred stock, Acciones preferenciales que tienen privilegio sobre las demás acciones preferenciales
first-in/first-out, Primera entrada, primera salida
fiscal policy, Política fiscal
fiscal year (FY), Año fiscal o, año económico
fit, Situación en lo cual las características de una inversión cumplen perfectamente los requisitos del inversor
Fitch Investors Services, Inc., Empresa estadounidense que calificada le riesgo en obligaciones negociables, bonos municipales, acciones preferidas, papeles

F

comerciales y obligaciones emitidas por instituciones sin fines de lucro

five percentage markup/markdown, Máximas diferencias permitidas de 5%

fixed annuity, Anualidad fijada de antemano

fixed assets, Activos fijos

fixed charges, Gastos o cargos fijos

fixed cost, Costo fijo

fixed dividend, Dividendo fijo

fixed exchange rate, Tipo de cambio fijo

fixed income, Renta fija o ingresos fijos

fixed income investment, Inversión de renta fija

fixed interest, Interés fijo

fixed interest security, Título de deuda de interés fijo

fixed price, Precio de oferta

fixed rate, Tipo de cambio fijo

fixed rate loan, Préstamo a tasa fija

fixed term deposit, Depósito a plazo fijo

fixed-income security, Título valor de renta fija

fixed-interest bearing security, Título valor de renta fija

flat, Término para describir el estado en que se encuentra un emisor cuando vendió todos los títulos valores de su cuenta

flat bond, Bono que se negocia sin que su precio se ajuste en función a los intereses devengados

flat commission, Tipo de comisión que debe pagarse por adelantado no obstante del plazo de la transacción

flat loan, Préstamo sin intereses

flat market, Mercado que se caracteriza por registrar leves movimientos de precios

F

flat tax, Impuesto fijo
flexible budget, Presupuesto flexible
flexible exchange rate, Tipo de cambio flotante
flight of capital, Fuga de capitales
flight to quality, Fuga hacia la calidad
flipped shares, Acciones revoleadas
flipper, Inversor de muy corto plazo
float, Fijar tipo de cambio libre o cantidad de acciones en circulación
floater, Tasa flotante
floating an issue, Colocar títulos valores en el mercado primario
floating exchange rate, Tipo de cambio flotante
floating interest rate, Tasa de interés flotante
floating rate, Tasa flotante
floating rate bond, Bono a tasa flotante
floating rate certificate of deposit, Certificado de depósito a tasa flotante
floating rate note (FRN), Títulos valores de tasa flotante
floating securities, Títulos valores adquiridos para la reventa, o acciones en circulación que cotizan en Bolsa
floating supply, Oferta en circulación
floor, Recinto bursátil, o piso (es decir, tasa de interés mínima)
floor broker, Agente de recinto
floor official, Oficial de recinto
floor trader, Agente bursátil con cartera propia
floor value, Valor mínimo
flotation cost, Costo de colocación de una emisión nueva

F

flow of funds, Flujo de fondos
fluctuation, Fluctuación
fluctuation limit, Límite de fluctuación
follow up action, Operaciones sobre una posición para aumentar la rentabilidad
footsie, Nombre para denominar el FT-SE 100 Index, es decir, el índice de acciones del diario británico *Financial Times*
for your information (FYI), Para su información
Forbes 500, Publicación anual de la revista *Forbes* que contiene las 500 sociedades cotizantes más grandes en los Estados Unidos
forced conversion, Conversión forzosa
forced sale, Venta forzosa
forecast, Pronóstico
forecast figures, Cifras previstas
foreclosure, Ejecución hipotecaria
foreign bill of exchange, Letra de cambio librada en un país distinto al de pago
foreign bond, Bono extranjero
foreign bond issue, Emisión de bonos en moneda extranjera
foreign borrowing, Préstamos del exterior
foreign corporation, Compañía o empresa extranjera
foreign currency, Moneda o divisa extranjera
foreign currency liabilities, Deudas en moneda extranjera
foreign currency translation, Conversión de divisas
Foreign Direct Investment (FDI), Inversión extranjera directa
foreign exchange, Moneda extranjera o divisa extranjera

F

foreign exchange controls, Controles de cambio
foreign exchange market, Mercado cambiario
foreign exchange rate, Tipo de cambio
foreign exchange risk, Riesgo cambiario
foreign operations, Operaciones en el exterior
foreign shareholding, Participaciones en el exterior
foreign subsidiaries, Subsidiarias en el exterior
formula investment, Inversiones por fórmula
forward contract, Contrato a término o contrato a plazo
forward delivery, Entrega a término
forward dollars, Dólares a término
forward exchange rate, Tipo de cambio a plazo future (forward)
forward exchange transaction, Operación con divisas a plazo future (forward)
forward market, Mercado a futuro
fourth market, Cuarto mercado
fraction, Fracción
fractional share, Parte de una acción
franchise, Contrato de franquicia
franchisee, Licenciatario de franquicia
franchisor, Licenciante de franquicia
fraudulent bankruptcy, Quiebra fraudulenta
Freddie Mac, Expresión para a la Federal Home Loan Mortgage Corporation (FHLMC)
Free Alongside Ship (FAS), Libre al costado del buque
free and open market, Mercado libre y abierto
free market, Mercado libre
free of charges, Libre de gastos o cargos
free on board, Libre a bordo

F

free reserves, Reservas disponibles
free right of exchange, Derecho de cambiar la titularidad del título valor sin cargo alguno
freed up, Liberados, es decir la situación en lo cual los bancos del consorcio colocador ya no están obligados a vender los títulos al precio fijado
free-Riding, Práctica ilegal mediante lo cual un cliente de la sociedad bursátil compra y vende un título valor en un corto lapso sin utilizar dinero
front running, Práctica ilegal mediante lo cual un operador toma una posición sabiendo antemano que en el futuro se concretará una transacción en bloque que afectará el precio de mercado
front-end load fund, Fondo común de inversión que cobra comisión de entrada
frozen account, Cuenta bloqueada o cuenta congelada
full coupon bond, Bono cuyo cupón está cerca o por encima de las actuales tasas de interés del mercado
full disclosure, Información completa difundida al público inversor
full faith and credit bond, Frase para un bono gubernamental o municipal garantizado por todos los recursos financieros del emisor
full-paid stock, Capital totalmente integrado
full-service broker, Frase que se usa para un operador bursátil que no se especializa en un determinado tipo de transacción
fully diluted earnings per share, Dilución total de las ganancias por acción
fully distributed, Totalmente distribuida
fully invested, Totalmente invertido

F

fully valued stock, Acción cuyo precio representa el valor del activo de la empresaa y su potencial de ganancias
fund group, Familia de fondos
fund of funds, Fondo que invierte en fondos
fundamental analysis, Análisis fundamental
fundamentals, Equilibrios fundamentales
funding, Captación de fondos
funds transfer, Transferencia de fondos
fungibles, Bienes fungibles
furthest month, Mes de entrega más distante a la fecha en curso
future value, Valor al futuro
futures contract, Contrato de futuros
futures exchange, Mercado de futuros
futures fund, Fondos de inversión muy volátiles y especulativos, pero que cuentan con el potencial de gran ganancias
futures market, Mercado de futuros
futures option, Opción sobre futuros

G

gain, Utilidad, beneficio, o ganancia

gainer, Título cuyo valor registra alzas

gamma stocks, Acciones gama; término de la Bolsa de Londres para acciones que se ubican detrás de las alfa y beta en terminos de capacitación y actividad bursátil

gap, Brecha, se refiere a la banda de precios en la que no negoció un título valor o producto básico, "commodity"

garage, Lugar anexo al piso principal de la NYSE

garnishment, Embargo de créditos o sueldos

gearing, Endeudamiento o apalancamiento. Es importante notar que hay dos tipos de apalancamiento, el financiero (financial leverage) y el operativo (operating leverage)

general account, Cuenta de margen

General Agreement on Tariffs and Trade (GATT), Acuerdo General de Aranceles y Comercio

general balance sheet, Saldo, o balance, general

general creditor, Acreedor quirografario

general ledger, Libro o registro mayor

general lien, Gravamen general

general loan and collateral agreement, Acuerdo mediante lo cual el agente de Bolsa toma préstamos bancarios garantizados por títulos cotizantes para diversos fines y efectivamente acuerda comprar valores a margen para sus clientes

general meeting, Asamblea general de accionistas

G

general mortgage, Hipoteca general
general obligation bond, Bono gubermental o municipal garantizado
general partner, Socio solidario
general partnership, Sociedad colectiva
generally accepted accounting principles (GAAP), Principios contables generalmente aceptados
Gen-Saki, Mercado de divisas a corto plazo en Japón
gift tax, Impuesto a las trasferencias a título gratuito
gilt-edged securities, Bonos del Tesoro británico, también se refiere a bonos u otras obligaciones negociables de primera línea
Ginnie Mae, Nombre para la Government National Mortgage Association (GNMA), o nombre para los bonos hipotecarios emitidos por la GNMA
Ginnie Mae mutual fund, Fondo común que invierte en bonos emitidos por la GNMA
Ginnie Mae pass-through, Título valor respaldado por un grupo de hipotecas y garantizada por la GNMA
glamor stock, Acción que es atractiva para los inversores
Glass-Steagall Act, Ley estadounidense promulgada en 1933 que establace la distinción entre los bancos comerciales y los bancos de inversión
global fund, Fondo global
GNMA, Government National Mortgage Association
go between, Intermediario
go-go fund, Fondo agresivo
going ahead, Práctica por lo cual el agente de Bolsa realiza negociaciones para su cuenta antes de ejecutar las órdenes de sus clientes

G

going away, Práctica en la que los agentes bursátiles compran una gran cantidad de bonos para inmediatamente después venderlas de nuevo a los inversores

going long, Estar comprando acciones, bonos o productos básicos, "commodities"

going private, Dejar de cotizar en la Bolsa

going public, Comenzar a cotizar en la Bolsa

going rate, Tasa actual en el mercado

going short, Estar vendiendo acciones, bonos o productos básicos, "commodities"

going south, En baja

going-concern value, Valor del fondo de comercio

gold bond, Bono respaldado en oro

gold bug, Analista o expert que favorece el oro

gold fixing, Determinación diaria del precio de oro

gold fund, Fondo cuya cartera es principalmente representada por inversiones en oro o títulos valores respaldados con el oro

gold indexed investment, Inversión cuyo rendimiento está relacionado con los cambios en el precio del oro

gold mutual fund, Fondo de inversión que invierte principalmente en oro o títulos valores relacionados con el oro

gold parity, Paridad oro

gold reserves, Reservas en oro

gold standard, Patrón oro

golden handcuffs, Contrato entre el operador y la casa de Bolsa mediante lo cual se fijan comisiones elevadas o salaries elevados para el corredor mientras trabaje para la sociedad bursátil, pero en caso de que el

G

operador renuncie al empleo, esta obligado a devolver parte de estos ingresos recibidos

golden parachute, Acuerdo que establece que en caso de que cambie el domicilio de la empresa, a raíz de una toma de control por parte de otro grupo empresario, los altos ejecutivos de la misma recibirán una indemnización muy superior a la que legalmente o moralmente les corresponde

golden umbrella, Acuerdo que establece que en caso de que cambie el domicilio de la empresa, a raíz de una toma de control por parte de otro grupo empresario, los altos ejecutivos de la misma recibirán una indemnización muy superior a la que legalmente o moralmente les corresponde

good delivery, Entrega a tiempo y modo

good faith deposit, Depósito de garantía de buena fe

good faith loan, Préstamo de buena fe

good money, Fondos disponibles

good through, Orden bursátil que debe ejecutarse a un precio determinado y durante un período establecido a menos que sea cancelada o modificada

goods, Bienes, productos

good-this-month order (GTM), Orden bursátil que en caso de no ejecutarse dentro del mes calendario queda automáticamente cancelada

good-till-cancel order (GTC), Orden abierta, es decir orden de compra o venta que se mantiene hasta su cumplimiento u orden expresa de cancelación de la misma

goodwill, Hecho que demuestra buena fe

government bill, Letra del Tesoro

G

government bond, Bono gubernamental
government grant, Subvención del estado
government obligations, Títulos de deuda del gobierno
governments, Bonos del gobierno
grace period, Período de gracia
graduated flat tax, Impuesto progresivo
grandfather clause, Cláusula que protege los derechos adquiridos
grant, Subsidio o subvención
grantor, Lanzador de opciones
graveyard, Mercado en baja donde los inversores que venden incurren en grandes pérdidas y los inversores potenciales esperan que suban los precios en el future cercano
greater fool theory, Teoría que dice que, pese a que el título valor llegó a su precio justo, siempre y cuando habrá alguien que quiera comprarlo a un valor superior
green shoe, Cláusula incluida en el contrato de colocación de títulos valores que establece que el emisor podrá autorizar al consorcio a distribuir una mayor cantidad de acciones al precio original
greenmail, Maniobra destinada a evitar una toma de control, o "takeover"
grey market, Mercado gris; se refiere a el mercado extraoficial de acciones
gross dividend, Dividendo bruto
gross domestic product (GDP), Producto Bruto Interno (PBI)
gross income, Ganancias brutas
gross industry, Sector económico industrial

G

gross national product (GNP), Producto Bruto Nacional (PBN)

gross per broker, Comisiones brutas por operador

gross profit margin, Margen bruto

gross profits, Ganancias brutas

gross sales, Ventas brutas

gross spread, Margen bruto

group of funds, Familia de fondos

Group of Ten (G-10), Grupo de los Diez; los diez países más industrializados que tratan de coordinar políticas monetarias y fiscales para crear un sistema económico mundial más estable. Los países que lo componen son Bélgica, Canadá, Francia, Italia, Japón, Holanda, Suecia, Reino Unido, Estados Unidos y Alemania

group sales, Venta en bloque

growth fund, Fondo agresivo

growth rate, Tasa de crecimiento

growth stocks, Acciones de alto crecimiento

guarantee, Garantía o aval

guarantee letter, Carta de garantía

guarantee of signature, Certificación de firma

guaranteed bond, Obligación negociable respaldada por una empresa diferente a lo cual la emite

guaranteed income contract, Contrato de renta garantizada

guarantor, Garante

guaranty, Garantía o aval

gun jumping, Negociación con títulos valores que se realiza sobre la base de información que el público inversor desconoce

H

haircut, Término que se refiere a las fórmulas que se usan en la valuación de títulos valores para calcular el capital neto de los operadores de Bolsa

half, Medio punto

half stock, Acciones cuyo valoers nominales son entre $50 USD en vez de $100 USD

half-year figures, Cifras semestrales

half-year period, Semestre

hammering the market, Frase que se usa cuando los especuladores del mercado venden corto por considerar que el precio de las acciones está inflado

hard currency, Divisa fuerte

hard dollars, Frase para denominar pago en efectivo que recibe la casa de Bolsa por parte de su cliente como pago de los servicios prestados

hard money, Divisa fuerte

head and shoulders, Cabeza y hombros. En el análisis técnico, la frase se refiere a un gráfico que refleja la suba de un precio, seguida de una caída de la misma, otra alza que supera el pico anterior, otro retroceso y, por último, un alza no tan pronunciada como la previa

head office, Matriz o sede central

heart bond, Obligación negociable emitida por una institución sin fines de lucro

heavy industry, Industria pesada

heavy market, Mercado en el que los precios caen debido a una gran oferta

H

hedge clause, Cláusula de protección
hedge fund, Fondo de cobertura o fondo de alto riesgo
hedge, Cobertura, es decir una estrategia mediante lo cual el inversor se protege de los riesgos derivados de la fluctuación de precios
hedging, Cobertura, es decir una estrategia mediante lo cual el inversor se protege de los riesgos derivados de la fluctuación de precios
hedged tender, Estrategia a través lo cual el inversor vende corto parte de las acciones que ofrece para la venta con el propósito de protegerse de una caída en el precio en el caso de que no se pueda vender toda la oferta
hedger, Coberturista
hemline theory, Teoría que sostiene que los precios de las acciones fluctúan según el largo de faldas que está de moda. Cuando las faldas están cortas, como en los 20 y 60, hay un mercado alcista. Cuanto bajan las faldas, como en los 30 y 50, el mercado será bajista
hidden assets, Activos ocultos
high, Cotización máxima
high flyer, Expresión que se usa para referirse a las acciones de precio elevado, muy especulativas y altamente volátiles a corto plazo
high-grade bond, Bono de primera clase
high-low index, Índice de alzas y bajas
highs, Picos máximos
high-tech stock, Acciones tecnológicas
high-yield bond, Bonos de alto rendimiento
historical cost, Costo histórico
historical trading range, Banda de negociación histórica

H

historical yield, Rendimiento histórico

hit the bid, Frase que quiere decir que se acepta el precio más alto ofrecido por una acción

holder, Tenedor

holder of record, Tenedor registrado

holding company, Empresa "holding," o empresa de tenencia

holding period, Período de tenencia

holding the market, Acto de ingresar al mercado con una cantidad de órdenes de compra suficiente para modificar el precio de mercado del título valor en cuestión

holdings, Posiciones o valores en cartera

home loan, Préstamo para viviendas

home run, Frase para denominar una ganancia elevada generada en un corto plazo

horizon analysis, Método para comparar el rendimiento de un activo durante dos o más períodos

horizontal merger, Fusión horizontal

horizontal price movement, Movimiento horizontal de precios

horizontal spread, Estrategia que consiste en comprar dos opciones sobre el mismo título valor pero con diferente fechas de vencimiento

hostile takeover, Acto de tomar control en una manera hostil

hot issue, Emisión de demanda elevada

hot money, Dinero especulativo

hot stock, Acciones nuevas que suben de precio en una manera rápida

H

house, Sociedad de Bolsa; también es el sobrenombre de la London Stock Exchange

house account, Cuenta que se maneja desde la casa matriz de la sociedad bursátil o por un ejecutivo de la misma

house call, Llamada para reponer el margen de garantía

house maintenance requirement, Mantenimiento de margen

house of issue, Líder de la emisión

house rules, Reglamento interno de la sociedad bursátil

housing account, Cuenta de corretaje manejada desde la casa matriz de la sociedad bursátil

housing bond, Bono para viviendas

hung up, Frase que se usa para referirse a la posición de un inversor cuyos títulos valores cayeron por debajo del precio de compra

hybrid annuity, Anualidad combinada, renta vitalicia combinada

hypothecation, Prenda de títulos valores que garantiza el préstamo otorgado por le operador a su cliente para que el cliente compre papeles o cobra una venta corta

I

idiosyncratic risk, Riesgo diversificable
idle balances, Dinero ocioso
idle funds, Dinero ocioso
illegal dividend, Dividendo que a pesar de haber sido aprobado por la junta de directores esta en violación de la acta constitutiva de la sociedad o alguna ley vigente
illiquid asset, Activo ilíquido
illiquidity, Iliquidez
imbalance of orders, Desequilibrio de órdenes
immediate or cancel order, Orden de ejecución inmediata
immediate payment annuity, Anualidad o renta vitalicia de pago inmediato
implied return, Tasa interna de retorno
implied volatility, Volatilidad implícita
import duty, Arancel aduanero
import liberalization, Apertura del régimen de importación
in and out, Entrar y salir en la misma rueda o jornada
in play, Empresa sobre lo cual recaen rumores que es objeto de que le tomen el control, o "takeover"
in the money, Frase que se usa para hacer referencia a un contrato de opción cuyo precio actual en el mercado es superior al precio de ejercicio de una opción de compra, o es inferior al precio de ejercicio de una opción de venta

in the money option, Opción que se puede ejercer con beneficio para el titular
in the tank, Frase que se usa cuando hay una caída rápida de los precios del mercado
inactive account, Cuenta inactiva o cuenta sin movimiento
inactive asset, Activo que no forma parte del proceso productivo
inactive bond, Bono ilíquido
inactive bond crowd, Agentes bursátiles especializados en bonos ilíquidos
inactive money, Dinero ocioso
inactive stock, Acción ilíquida
in-and-out trader, Operador que entra y sale en la misma rueda o jornada
incentive fee, Incentivo remuneratorio
incentive stock option, Opción que permite que en el futuro el empleado compre, a un precio determinado, acciones de la empresa donde labora
income, Ingreso, ganancia o utilidad
income averaging, Promedio de ingresos
income bond, Obligación negociable que paga intereses sólo si la empresa genera utilidades suficientes
income distribution, Distribución de ganancias o utilidades
income per share, Ganancia por acción
income property, Inmueble que genera rentas
income statement, Estado de ingresos o resultados
income stock, Acción de dividendos elevados
income tax, Impuesto a ingresos o ganancias
income velocity, Velocidad de circulación del dinero

I

inconvertible, No convertible
incorporated company, Sociedad con personalidad jurídica
incorporation, Constitución de una personalidad jurídica
incremental cash flow, Flujo de efectivo que se atribuye a un programa de inversión
incremental cost, Costo marginal
indenture, Documento entre el emisor y el suscriptor
independent audit, Auditoría externa
independent broker, Agente bursátil independiente
index, Índice
index arbitrage, Arbitraje con índices
index fund, Fondo de inversión con carteras que duplican índices
index linked bond, Bonos que emulan índices
index linked gilts, Bonos que emulan índices
index numbers, Números índices
index option, Opción sobre índices
indicated yield, Cupón o dividendo que se expresa como porcentaje del precio actual de mercado del papel en cuestión
indication of interest, Señal de interés
indicator, Indicador
indirect convertible, Título convertible que puede cambiarse por otro título convertible
indirect cost, Costo indirecto
indirect tax, Impuesto indirecto
individual assets, Bienes individuales

I

Individual Retirement Account (IRA), Cuenta de retiro individual en Estados Unidos
indorsement, Endoso
indorser, Endosante
industrial bond, Bono emitido por una empresa industrial
industrial development bond, Bono para el desarrollo industrial
industrial life cycle, Ciclo natural económico de las industrias
industrial revenue bond, Bono para el desarrollo industrial
industrial sector, Sector industrial
industrial stock, Acción industrial
industry, Industria o sector de la economía
inefficiency in the market, Ineficiencia del mercado
inelastic demand, Demanda no elástica
inflation, Inflación
inflation hedge, Inversión protegida de la inflación
inflation rate, Índice de inflación
inflation-adjusted earnings, Ganancias o utilidades ajustadas por inflación
infrastructure, Infraestructura
initial margin requirement, Garantía inicial
initial public offering (IPO), Oferta pública inicial
inside information, Información restringida
inside market, Operaciones entre agentes bursátiles
insider, Persona vinculada a la empresa
insider trading, Negociaciones en base a información confidencial, lo cual es un acto ilegal

I

insolvency, Insolvencia o cesación de pagos
insolvent, Insolvente
installment, Cuota o pago periódico
installment debt, Deuda pagadera en cuotas
institutional account, Cuenta institucional
institutional broker, Operador de inversores institucionales
institutional favorites, Acciones favoritas de los inversores institucionales
institutional investor, Inversor institucional
instrument, Instrumento o documento
insurance, Seguro
insurance broker, Agente de seguros
insurance company, Aseguradora o empresa de seguros
insurance policy, Póliza de seguro
intangible assets, Bienes inmateriales o activos intangibles
Inter-American Development Bank (IADB), Banco Interamericano de Desarrollo (BID)
interbank funds, Fondos interbancarios
interbank market, Mercado interbancario
interbank rate, Tasa interbancaria
intercommodity spread, Estrategia en lo cual se tiene una posición larga y otra corta en productos básicos, o productos básicos, "commodities," diferentes pero relacionadas entre sí
interest, Interés
interest bearing, Con intereses, es decir, instrumento que devenga intereses
interest due, Intereses vencidos

I

interest expenses, Gastos financieros
interest in subsidiaries, Participación en subsidiarias
interest margin, Margen
interest on interest, Interés sobre intereses
interest rate, Tasa de interés
interest rate futures, Contratos de futuros sobre tasas de interés
interest rate options, Contratos de opciones sobre tasas de interés
interest rate risk, Riesgo sobre la tasa de interés
interest sensitive, Sensible al movimiento de las tasas de interés
interest-free loan, Préstamo sin intereses
interim certificate, Resguardo provisorio
interim dividend, Dividendo provisorio o dividendo a cuenta
interim report, Informe provisorio
intermarket spread, Margen, o "spread," intermercado
intermarket trading system, Red electrónica que vincula a los ocho mercados más grandes estadounidenses
intermediary, Intermediario
intermediate term, Mediano plazo
intermediation, Intermediación financiera
internal audit, Auditoria interna
internal rate of return (IRR), Tasa interna de retorno
Internal Revenue Service (IRS), Repartición federal de los Estados Unidos equivalente a la Secretaría de Hacienda o de Ingresos Públicos
International Bank for Reconstruction and Development (IBRD), Banco Internacional para la

I

Reconstrucción y Desarrollo (BIRD) más bienconocido como el Banco Mundial

International Monetary Fund (IMF), Fondo Monetario Internacional (FMI)

International Monetary Market (IMM), División de la Chicago Mercantile Exchange que negocia futuros sobre Letras del Tesoro estadounidense, todos tipos de divisas, certificados de depósito y depósitos en eurodólares

international mutual fund, Fondo de inversión internacional

interpositioning, Interposición

intracommodity spread, Posición en un contrato de futuros en la que el operador compra y vende en la misma Bolsa el contrato sobre el mismo producto básico pero con diferente fecha de vencimiento

intraday, Intrarrueda, es decir, durante la jornada bursátil

inventory, Inventario o existencias

inventory turnover, Rotación de existencias

inventory value, Valor de mercado de una inversión

inverse floating rate note (IFRN), Título a tasa flotante cuyo intereses que paga es en relación inversa a los movimientos del tipo de cambio de referencia

inverted market, Mercado invertido

inverted scale, Escala invertida

inverted yield curve, Curva de rendimiento invertida

investment, Inversión

investment adviser, Asesor de inversiones

investment advisory services, Servicios de asesoramiento al inversor

investment bank, Banco de inversión
investment club, Club de inversores
investment company, Sociedad gerente
investment credit, Crédito fiscal a las inversiones
investment fund, Fondo de inversión
investment goods, Bienes de capital
investment grade, Calificación de un bono que va desde AAA a BBB
investment grade bond, Bono con categoría de calificación de un bono que va desde AAA a BBB
investment income, Ganancias por inversiones
investment letter, Carta formal de intención entre el emisor y el comprador de títulos valores que establece cuales papeles serán adquiridos como inversión y que no serán ofrecidos para la reventa
investment list, Lista de inversiones
investment portfolio, Cartera de valores
investment project, Proyecto de inversión
investment ratio, Coeficiente de inversión
investment strategy, Estrategia de inversión
investment strategy committee, Comité de inversiones
investment tax credits, Desgravaciones fiscales a la inversión
investment trust, Fondo común de inversión cerrado
investment value of a convertible security, Valor de un título valor convertible antes de su conversión
investor relations department, Departamento de relaciones con inversores
investor's guide, Guía del inversor
invoice, Factura

I

involuntary bankruptcy, Quiebra involuntaria o bancarrota a pedido del acreedor
irredeemable bond, Bono no rescatable
irrevocable trust, Fideicomiso irrevocable
issuance, Emisión
issue, Emisión
issue date, Fecha de emisión
issue price, Precio de la emisión
issued and outstanding, Acciones emitidas y en circulación
issued capital, Capital emitido
issuer, Emisor

J

january barometer, Teoría que dice que cuando las acciones del S&P 500 suben en enero, se registrar alzas durante los próximos once meses

jobber, Mayorista, pero en la Bolsa de Londres, se usa para designer al creador de un mercado

joint account, Cuenta conjunta

joint account with right of survivorship, Cuenta conjunta con acreditación al sobreviviente

joint and survivor annuity, Renta vitalicia o anualidad que realize pagos a dos o más beneficiaries

joint custody, Depósito conjunto

joint liability, Responsabilidad solidaria

joint ownership, Co-propiedad

joint stock company, Sociedad por acciones

joint venture, Alianza entre dos o más empresas

joint and severally, Expresión que designa solidaria normalmente usada en referencia a la colocación de bonos municpales

jumbo certificate of deposit, Certificado de depósito superior a $100,000 USD

junior account agreement, Formulario para abrir una cuenta corretaje o bancaria a nombre de más de una persona

junior bond, Bono subordinado

junior debt, Deuda subordinada

junior issue, Emisión de papeles subordinados

junior mortgage, Crédito hipotecario que se cobra después del pago de otras hipotecas

K

junior security, Título valor subordinado
junior share, Acción ordinaria o común
junk bond, Bono basura
junk financing, Obtener fondos a través de la emisión de bonos basura
justified price, Precio justificado

K

Keogh plan, Plan de jubilación individual que permite al trabajador autónomo o que es contratista independiente postergue el pago del impuesto a las utilidades

Keynesian economics, Keynesianismo

kickers, Atractivos que se agregan a una inversion para generar mayor interés entre inversionistas

kill, Anular una orden bursátil

kiting, Provocar el alza del precio de las acciones que resulta en una actividad ficticia en el mercado

know your client (KYC), Concepto que rige en los mercados y la banca que exige a operadores y banqueros que conozcan a fondo los antecedentes de sus clientes antes de brindarles asesoramientos o abrir cuentas financieras

know your customer (KYC), Concepto que rige en los mercados y la banca que exige a operadores y banqueros que conozcan a fondo los antecedentes de sus clientes antes de brindarles asesoramientos o abrir cuentas financieras

Kondratieff Wave, Teoría de Nicolai Kondratieff que dice el en las economías capitalistas son sujetos a ciclos que duran 50 o 60 años de duración

L

labor cost, Costo laboral
labor-intensive, Labor que require mano de obra
Laffer curve, Curva de Laffer que demuestra que a medida que suben los impuestos, la recaudacón fiscal aumenta al principio, pero mientras más suben los impuestos, a la larga disminuye la recaudación fiscal
lagging indicators, Variables económicos de seguimiento
laissez-faire, Frase que significa que la ausencia de intervención gubernamental en la vida económica de un país el mejor para dicha economía
land tax, Impuesto inmobiliario; predial
lapsed option, Opción vencida
last in first out (LIFO), Última entrada, primera salida
last sale, Última venta
last trading day, Último día de negociación
late tape, Demora en las pizarras con la información bursátil debido a que el volmen de operaciones esta elevado
law of diminishing returns, Ley de retornos decrecientes
lawful money, Moneda o divisa de curso legal
lead manager, Líder de la emisión
lead underwriter, Líder de la emisión
leader, Acción líder
leading indicators, Indicadores líderes
leads and lags, Adelantos y retrasos
lease, Alquiler o arrendamiento

L

lease back, Operación de alquilar mediante la cual el propietario vende un bien a una entidad de crédito con el compromise de que éste inmediatamente lo alquile mediante un contrato

lease-purchase agreement, Alquiler con opción a comprar

lease-rental bond, Bono municipal para la financiación de obras y servicios públicos

leasing, Instrumento financiero que permite que empresas financieron sus activos fijos a través de alquileres

leg, La tendencia sostenida en los precios del mercado

leg lifting, Venta de una pierna, es decir, de una opción combinada

LEGAL, Base de datos informáticos de la NYSE que da el seguimiento a los juicios contra los miembros de la Bola y los reclamos de los clientes

legal bill, Billete de curso legal; efectivo

legal entity, Persona jurídica

legal investment, Inversiones permitidas a individuos con responsabilidades fiduciarias

legal list, Lista de inversiones de alto grado de seguridad que se pueden efectuar los administradoros de fondos, las empresas de seguros, los fondos comunes de inversión y personas con responsabilidades fiduciarias

legal monopoly, Monopolio legal

legal reserves, Reservas mínimas exigidas por ley

legal tender, Moneda o divisa de curso legal

lender, Prestamista

lender of last resort, Perstamista de última instancia

L

lending at a premium, Expresión para un operador que, cambio a una comisión, presta títulos valores a otro operador para que éste pueda cubrir una posición corta de un cliente

lending at a rate, Expresión para cuando la sociedad de Bolsa paga a un cliente una tasa de interés sobre el saldo acreedor que result de una venta corta

lending business, Negocio de préstamos

lending limit, Límite de préstamo

lending portfolio, Cartera con préstamo

lending securities, Títulos valores que un cliente toma prestados de la cartera de su agente bursátil al realizar una venta corta y tiene que entregar los papeles al operador de la punta compradora

letter of credit, Carta de crédito

letter of intent, Carta de intención

letter security, Acción u otra obligación negociable no registrada en la SEC

letter stock, Acciones restringidas al público

leverage effect, Apalancamiento o efecto de potenciación

leveraged buyout (LBO), Compra financiada con deuda

leveraged company, Empresa apalancada

leveraged recap, Apalancamiento defensivo

leveraged stock, Acción financiada con crédito

liabilities, Pasivo

libor, Tasa Libor (London Interbank Offered Rate)

lien, Derecho de retención, gravamen o embargo

life annuity, Anualidad vitalicia, renta vitalicia

life insurance, Seguro de vida

lifeboat, Fondo creado para cubrir a los operadores en el caso de que atraviesen dificultades financieras

L

lift, Acto de aceptar oferta de bonos a un precio determinado

lifting a leg, Cerrar una pierna de una opción combinada mientras dejando la otra como posición corta o larga

light industry, Industria ligera

limit order, Orden limitada

limit price, Precio límite

limit up/limit down, Máximo movimiento de precios, sea hacia arriba o hacia abajo, que se puede registrar en un contrato de futuros sobre productos básicos, "commodities," a lo largo de una misma rueda o jornada

limited company, Sociedad en comandita simple

limited company (Limited or PLC), Sociedad en lo cual responsabilidad de los socios se limita al capital aportado

limited discretion, Acuerdo que autoriza al agente bursátil a realizar determinadas operaciones sin consulta previa a su cliente

limited partnership, Sociedad en comandita simple

limited responsibility, Responsabilidad limitada

limited trade authorization, Autorización para que el agente bursátil realice determinadas operaciones sin consulta previa a su cliente

line of credit, Línea de crédito

liquid asset, Activo líquido

liquid availability, Disponibilidades líquidas

liquid funds, Fondos disponibles

liquid market, Mercado líquido

liquid resources, Recursos disponibles

liquidate a position, Cerrar una posición

L

liquidating dividend, Dividendo por disolución de una sociedad
liquidating value, Valor de liquidación
liquidation, Liquidación, o la conversion de bienes a dinero en efectivo, o pago de una deuda, o liquidación de operaciones a futuro
liquidator, Liquidador
liquidity, Liquidez
liquidity diversification, Diversifación de la liquidez
liquidity preference theory, Teoría de la preferencia por liquidez
liquidity ratio, Coeficiente de caja o de liquidez
liquidity risk, Riesgo de liquidez
listed company, Sociedad cotizante
listed investment, Inversiones con cotización oficial
listed option, Opción cotizante
listed security, Título valor cotizante
listed share, Acción cotizante
listing admission, Admisión de un título valor para que se cotice en uno o más mercados oficialmente
listing fee, Comisión de cotización
listing requirements, Requisitos para cotizar el Bolsa
load, Comisón de entrada
load fund, Fondo para cobrar comisión de entrada
loan, Préstamo
loan against pledge, Préstamo asegurada con garantía adjuntas
loan agreement, Acuerdo entre el emisor y el colocador
loan stock, Títulos valores que el cliente tomo prestados de la cartera de su agente bursátil

L

loan value, Cifra máxima que el prestamista está dispuesto a prestart contra garantías
loaned flat, Préstamo sin interés
locked in, Tasa de retorno asegurada durante un plazo determinado, o frase que indica cuando el mercado de productos básicos, "commodities," ha superado el límite diario de votalidad y en consecuencia no se puede ni entrar ni salir del mercado
locked market, Mercado donde los precios de compra y venta de una acción son exactamente iguales
lombard loan, Préstamo lombardo
lombard rate, Tasa de interés lombarda
London Interbank Offered Rate (Libor), Tasa de interés interbancaria del mercado en Londres
long bond, Bono largo
long coupon, Cupón largo
long hedge, Cobertura larga, es decir compra de un contrato de futuros sobre un activo financiero con el própósito de comprar en el futuro ese mismo activo como protección contra cambios inesperados en el precio del mismo; o compra de un contrato de futuros u opción de compra anticipando una caída en las tasas de interés
long leg, Pierna larga
long position, Posición larga
long term, A largo plazo
long term capital gains, Ganancias o utilidades por tenencia de títulos durante más de un año
long term financing, Financiación a largo plazo
long-term debts, Deudas a largo plazo

L

look-back call option, Opción de compra sobre productos básicos, "commodities," cuyo tomador disfruta del derecho de comprar el activo subyacente al precio de cotización más bajo registrado entre la fecha en que entró en vigencia el contrato de opción y la fecha del vencimiento del mismo

look-back put option, Opción de venta sobre productos básicos, "commodities," cuyo tomador disfruta del derecho de vender el activo subyacente al mayor precio de cotización registrado entre la fecha en que entró en vigencia el contrato de opción y la fecha del vencimiento del mismo

loser, Título valor que registró bajas durante un determinado período

loss ratio, Índice de siniestros

loss reserve, Previsión para deudas incobrables

lot, Lote

`low, Cotización mínima

low priced shares, Acciones con escaso valor de cotización

lower of cost or market, Método para determiner el precio de un activo que se toma como referencia al valor más bajo en comparación al precio de adquisición y el precio de mercado de ese activo

low-load fund, Fondo de inversión que cobra bajas comisiones

lucrative, Rentable

lump sum, Suma total

Luxibor, Tasa de interés en el mercado interbancario de Luxemburgo

luxury tax, Impuesto a bienes de lujo o suntuarios

M

macroeconomics, Macroeconomía
maintenance call, Llamado de reposición de margen
maintenance fee, Comisión de mantenimiento
maintenance margin requirement, Mínimo margen tolerado
majority shareholder, Accionista mayoritario
make a market, Crear mercado o formar mercado
make a price, Crear mercado a través de precio o formar mercado a través de precio
managed account, Cuenta cuyo titular confía su dinero a un oficial de una empresa de asesoría en inversiones para que éste decida cuando y en que invertir
managed currency, Moneda o divisa controlada
managed investment, Manejo de inversiones
management, Administración, gestión, dirección
management company, Sociedad gerente
management fee, Comisión por manejo de cartera
management buy, Compra de la empresa por parte de sus directores
managing buy out, Compra de la empresa por parte de sus directores
managing underwriter, Líder de la emisión
mandate, Mandato
manipulation, Manipulación
manufacturing industry, Industria manufacturera
margin, Margen de ganancia o margen de garantía

M

margin account, Cuenta de margen
margin agreement, Documento que detalla las normas que rigen para las cuentas de margen
margin call, Llamado de reposición de margen
margin of profit, Ganancia o utilidiad
margin requirement, Margen inicial
margin transaction, Operación a crédito
marginal cost, Costo marginal
marginal efficiency of capital, Eficiencia marginal del capital
marginal productivity of capital, Eficiencia marginal del capital
marginal revenue, Ingreso marginal
marginal tax rate, Tasa impositiva marginal
mark to market, Ajuste al mercado
markdown, Diferencia entre el precio de compra minorista y el precio mayorista
market, Mercado
market analysis, Análisis o estudio de mercado
market average, Promedio del mercado
market basket, Cartera de mercado
market breadth, Solidez entre los movimientos del mercado
market capitalization, Capitalización bursátil
market crash, Caída marcada o "crack" bursátil
market failures, Fallas del mercado
market if touched, Negociar si llega al precio
market index, Índice del mercado
market letter, Se refiere al boletín informativo que las sociedades de Bolsa envían a sus clientes con

información sobre tendencias del mercado, recomendaciones para invertir, proyecciones y datos relacionados con las inversiones en general

market maker, Creador de mercado o formador de mercado

market not held order, Orden de compra o venta de títulos valores mediante lo cual el inversor permite al agente bursátil usar su criterio para ejecutarla

market order, Orden de inversión

market portfolio, Cartera representativa del mercado

market price, Precio de mercado

market research, Estudio de mercado

market risk, Riesgo de mercado

market segmentation theory, Teoría de la segmentación del mercado

market share, Participación en el mercado

market survey, Encuesta o estudio de mercado

market timing, Operar en el momento justo

market tone, Clima o ánimo del mercado

market value, Valor de mercado

marketability, Liquidez

marketable securities, Títulos valores fácilmente negociables

marking to market, Ajuste al mercado

markup, Diferencia entre el precio mayorista de compra y el precio minorista de venta de un título valor

married put, Compra de una opción de venta sobre una cantidad determinada de títulos valores realizada a un precio fijado de antemano, que se efectuó al mismo tiempo con la adquisicón de títulos valores de

M

la empresa subyacente a fin de cubrir el precio pagado por los mismos

matched and lost, Empardado y perdido

matched book, Frase que se usa para las cuentas de los operadores bursátiles cuando los costos por haber solicitado préstamos son iguales a los intereses que ganaron por otorgar créditos a sus clientes y a otros operadores

matched orders, Casado automático de operaciones

matching, Casar

matrix trading, Se refiere al canje de bonos donde los operadores tratan de aprovechar diferencias de rendimiento inusuales entre los bonos de la misma clase pero con distintas calificaciones o entre bonos de diferentes clases

mature economy, Economía madura

maturity date, Fecha de vencimiento

maximum price fluctuation, Fluctuación máxima de precios

maximum value of a warrant, Valor máximo de un contrato o instrumento financiero derivado, es decir, un formulario separado para la suscripción de un título valor que viene adjunto al certificado de la acción, o "warrant"

May Day, Se refiere al 1 de mayo de 1975, la fecha en que se desregularon las comisiones de corretaje en los Estados Unidos

mean return, Retorno esperado

medium term bond, Bono a mediano plazo

medium-term debts, Deudas de mediano plazo

M

member bank, Banco miembro de la Reserva Federal de los Estados Unidos

member firm, Agente bursátil accionista de la Bolsa

member short sale ratio, Frase que se refiere a la proporción de acciones vendidas corto por agentes bursátiles con asiento en la NYSE en el período de una semana, en comparación con la totalidad de las ventas cortas efectuadas durante ese mismo período

merchant bank, Banco de inversión

merger, Fusión por absorción

method of payment, Forma de pago

mezzanine brackets, Bancos del consorcio colocador que emiten un papel secundario en la colocación de una emisión de títulos valores

mezzanine level, Etapa del desarrollo de una empresa anterior a su lanzamiento en la Bolsa

microeconomics, Microeconomía

mill, Décima parte de un centavo

mini-manipulation, Frase que se refiere a efectuar operaciones con el título valor subyacente de un contrato de opción con el propósito de manipular el precio de la acción, hecho que provoca un incremento en el valor de la opción; esto constituye una práctica ilegal

minimum maintenance, Mínimo margen tolerado

minimum tick, Movimiento mínimo

minority interest, Participación minoritaria

minority rights, Derechos de los socios minoritarios

minority shareholder, Accionista minoritario

minority shareholding, Participación minoritaria

M

mispriced security, Frase que se refiere a especie fuera del valor intrínsico

missing the market, Frase que se refiere a la imposibilidad de ejecutar una orden de inversión a un precio conveniente debido a un descuido por parte del operador

mixed account, Cuenta mixta

modern portfolio theory, Teoría que mantiene que el riesgo total para un rendimiento dado de cualquier cartera bien diversificada es menor que el de cada una de las acciones que conforman dicha cartera tomadas individualmente. La razón es que sólo a través de la diversificación se puede eliminar el riesgo específico de las acciones permaneciendo sólo el riesgo propio del mercado

monetarist, Monetarista

monetary base, Base monetaria

monetary easing, Inyectar liquidez al mercado

monetary expansion, Expansión monetaria

monetary policy, Política monetaria

monetary standard, Patrón monetario

monetary system, Sistema monetario

money center bank, Banco ubicado en uno de los centros financieros más importantes del mundo

money demand, Demanda de dinero

money loan, Préstamo en efectivo

money manager, Gerente de cartera

money market, Mercado monetario o mercado de dinero

money market fund, Fondo común que invierte en el mercado de dinero o en activos financieros de muy corto plazo

M

money market securities, Títulos valores que se negocian en el mercado de dinero
money spread, Estrategia con opciones que consiste en comprar una opción y vender otra exactamente igual con la única excepción que sea el precio de ejercicio
money squeeze, Escasez de dinero
money supply, Oferta o masa monetaria
money transfers, Transferencia de fondos
monopoly, Monopolio
month order, Orden bursátil que si no se ejecuta durante el mes en curso queda automáticamente cancelada
month-end closing, Operación a último día del mes
monthly interest, Interés mensual
monthly investment plan, Plan de inversión mensual
moratorium, Moratoria
morning loan, Préstamo de un día
mortgage, Hipoteca
mortgage bank, Banco hipotecario
mortgage bond, Obligación hipotecaria
mortgage broker, Corredor de préstamos hipotecarios
mortgage creditor, Acreedor hipotecario
mortgage deed, Escritura de hipoteca
mortgage loan, Préstamo hipotecario
mortgage pool, Grupo de hipotecas
mortgage securities, Títulos hipotecarios
mortgage-backed securities, Títulos respaldados por hipotecas
mortgagee, Acreedor hipotecario
mortgagor, Deudor hipotecario
most active list, Lista de papeles más activos

M

moving average, Promedio variable
multi-currency credit line, Línea de crédito en varias monedas
multinational bank, Banco multinacional
multiple, Múltiplo
multiplier, Multiplicador
muni, Bono municipal
municipal bond, Bono municipal
municipal investment trust, Fondo común que invierte en bonos municipales
municipal note, Bono municipal a corto plazo
municipal revenue bond, Bono emitido para financiar obras públicas
municipal tax, Impuesto municipal
mutual fund, Fondo común de inversión
mutual fund custodian, Sociedad depositaria

N

naked call writing, Lanzamiento de una opción de compra descubierta
naked option, Opción descubierta
naked position, Posición descubierta
narrow market, Mercado líquido
narrowing the spread, Acto de achicar el margen, es decir reducir el llamado "spread" entre el precio de compra y de venta
National Association of Investment Clubs, Asociación Nacional de Clubs de Inversión
National Association of Securities Dealers (NASD), Asociación de Corredores de Títulos Valores (en EEUU)
National Association of Securities Dealers Automated Quotation system (NÀSDAQ), Sistema computarizado en lo cual EEUU usa los operadores para colectar información sobre las cotizaciones de los títulos valores que se negocian en el mercado extra-bursátil
national bank, Banco nacional
national debt, Deuda pública
national market system, Sistema de operaciones extra-bursátiles con acciones patrocinadas por NASDAQ
National Quotation Bureau, Servicio que proporciona cotizaciones de compra y venta ofrecidas por los

N

creadores de mercado en acciones y bonos que forman parte del mercado extra-bursátil

nationalization, Nacionalización

net book value, Valor neto contable

near money, Activos facilmente convertibles a efectivo

nearby, El mes activo más cercano al presente, refierendose a los futuros financieros

nearest month, Mes de entrega más cercano al presente mes

negative balance, Saldo negativo

negative carry, Situación en lo cual el costo del dinero de un préstamo para la compra de títulos valores es superior al rendimiento que generan esos mismos títulos valores

negative cash flow, Flujo de efectivo negativo

negative income tax, Impuestos a las ganancias negativo

negative interest, Interés negativo

negative pledge clause, Cláusula de compromiso negativo

negative yield curve, Curva de rendimiento negativa

negotiable, Negociable

negotiable bill, Letra de cambio negociable

negotiable instrument, Títulos de crédito

negotiated underwriting, Colocación negociada

nest egg, Frase que describe inversiones que forman parte de los recursos de jubilación personal o patrimonio personal

net, Neto

net asset value (NAV), Valor unitario de la cuotaparte

net asset value per share, Valor libro de la acción

net assets, Patrimonio neto

N

net book value, Valor neto contable
net capital ratio, Frases para describer capital neto requerido
net capital requirement, Frases para describer capital neto requerido
net capital rule, Frases para describer capital neto requerido
net change, Cambio neto
net current assets, Capital circulante
net dividend, Dividendo neto
net earnings, Ganancias netas
net income, Ganancia neta
net income per share, Ganancia neta por acción
net income to net worth ratio, Retorno sobre el capital
net interest, Interés neto
net lease, Renta o alquiler neto
net loss, Pérdida neta
net margin requirement, Garantía neta requerida
net operating loss (NOL), Pérdida operativa neta
net present value (NPV), Valor actual neto
net price, Precio neto o precio final sin comisiones
net profit, Ganancia o utilidad neta
net profit margin, Margen de ganancia o utilidad
net quick assets, Activo neto real
net sales, Ventas netas
net tangible assets per share, Activo tangible neto por acción
net transaction, Transacción neta
net working capital, Capital circulante
net worth, Patrimonio neto

N

net yield, Rendimiento neto
new account report, Informe de nueva cuenta
new efficient frontier, Recta que une la tasa libre de riesgo
new issue, Nueva emisión
new issue market, Mercado primario
new listing, Cotización nueva
new money, Financiamiento adicional a largo plazo que hace posible una emisión nueva
new share, Acciones nuevas que se emiten para aumentar el capital
niche, Nicho
nifty fifty, Frase que se refiere a las cincuenta acciones favoritas de los inversores institucionales
night safe, Servicio bancario en lo cual clientes pueden efectuar depósitos en efectivo después de horas hábiles
nine-bond rule, Norma de la NYSE que establece que las órdenes por nueve o menos bonos tienen que ser enviadas al recinto durante una hora para que busquen mercado
no funds, Sin fondos
no growth model, Modelo con crecimiento nulo de dividendos
noise, Ruido, es decir, actividad bursátil que no refleja la opinión general
no-load fund, Fondo sin commission de entrada
nominal exercise price, Precio de ejercicio nominal
nominal interest rate, Tasa de interés nominal
nominal quotation, Cotización nominal
nominal return, Retorno nominal

N

nominal yield, Rendimiento nominal

nominee, Empresa formada por bancos o casas de Bolsa con el fin de transferir títulos valores u otros activos para facilitar su negociación

non-callable, No rescatable

non-clearing member, Miembro de la Bolsa que no pertenece a la cámara compensadora de esa misma Bolsa

non-competitive bid, Sistema de comprar letras del Tesoro de Estados Unidos por lo cual el inversor paga el precio promedio ofrecido por los inversores institucionales

non-cumulative, No acumulativa

non-equity option, Opción cuyo bien subyacente no es una acción común

non-factor risks, Riesgos diversificables

non-market risk, Riesgo diversifcable

non-member firm, Firma no socia

non-par stock, Acción emitida sin valor nominal

non-participating preferred, Acción preferida no acumulativa

non-performing loan or asset, Préstamo con atraso, es decir, préstamo con dificultad de recuperación

non-productive asset, Activo no productivo

non-public information, Información restingida

non-purpose loan, Préstamo respaldado por títulos valores cuyo fin no es la compra de papeles

non-recourse loan, Préstamo sin aval personal

non-recurring charge, Cargo o débito extraordinario

non-recurring gain, Ganancia o utilidad extraordinaria

N

non-refundable, Cláusula del documento de emisión de bonos que prohibe o limita el rescate de los títulos por parte del emisor

non-residents, No residentes

non-voting stock, Acción sin derecho a voto

no-par-value stock/no-par stock, Acción sin valor nominal

normal probability distribution, Distribución normal de probabilidades

normal trading unit, Unidad estándar de negociación

not for profit, Sin fines de lucro

not held order (NHO), Orden de compra o venta que autoriza a un agente bursátil a usar su criterio para ejecutarla

not rated, Sin calificación

note, Nota

note issuance facility (NIF), Programa de emisiones de bonos a corto plazo que se renuevan continuamente

note issuing bank, Banco emisor

note issuing privilege, Derecho exclusivo de emitir billetes

notice day, Frase que se refiere a un anuncio de entrega para un mes determinado en contratos de futuros

not-to-order clause, Cláusula no a la orden

novation, Novación

NOW account (Negotiable Order of Withdrawal account), Cuenta corriente que devenga intereses

NYSE (New York Stock Exchange), Bolsa de Nueva York

O

obligation, Obligación, deuda

obligation bond, Clase de bono hipotecario cuyo valor nominal es superior al valor de la propiedad subyacente

obligor, Obligado

odd lot, Lote incompleto

odd lot broker, Corredor de lotes incompletos

odd lot differential, Cargo adicional por negociar lotes impares

odd lot short sale ratio, Coeficiente que ocurre al dividir las ventas cortas de lotes incompletos por el total de las ventas de lotes incompletos

odd lot theory, Teoría basada en la idea de que las decisiones adoptadas por los pequeños inversores siempre son equivocadas

odd lotter, Inversor de lotes incompletos

OEX, Sigla que representa el Standard & Poor's 100 Stock Index

off, Precios en baja

off-balance sheet, Fuera del balance de saldos

off-board market, Mercado extrabursátil

off-board trade, Negociación fuera de la Bolsa

offer, Precio de compra

offer document, Oferta para tomar control de una empresa, "takeover"

O

offer wanted (OW), Notificación a través de lo cual un agente bursátil expresa su interés de comprar títulos valores sobre los que no hay ofertas

offering circular, Prospecto abreviado que contiene las condiciones de la emisión de títulos valores

offering date, Fecha de la oferta

offering price, Precio de oferta

offering rate, Cambio vendedor

offering scale, Escala de precios

off-floor order, Orden originada fuera del recinto

official listing/official quotation, Cotización oficial

official notice of sale, Aviso publicado por una entidad municipal que invita a los bancos de inversión a presentar a una licitación para la colocación de una emisión de bonos

official rate, Tipo de cambio oficial

offset, Compensar

off-shore banking, Banca fuera de tu país, o banca "off-shore"

off-shore financial centers, Plazas financieras fuera de tu país, o plaza financieras "off-shore"

off-the-shelf company, Empresa que no opera y sólo posee razón social y conforme a los estatutos

oligopoly, Oligopolio

omitted dividend, Dividendo omitido

on, Precios en alza

on account, A cuenta

on-balance volume, Tipo de análisis técnico en lo cual se detecta cuándo un determinado bono, producto básico ("commodity") o acción estáa quedando en manos de pocos compradores

O

one-cancels-the-other order, Orden bursátil mediante lo cual el cliente instruye al corredor que al momento de ejecutarla deberá elegir entre una de las dos operaciones posibles, sea de compraro venta, pero nunca ambas

one-decision stock, Acción que se adquiere como inversión a largo plazo

on-floor order, Orden originada dentro del recinto

on-the-quotation order, Orden de inversión para la compra o venta de un lote completo de acciones, o sea, 100 unidades, al precio actual de mercado

on-the-sidelines, Expresión que describe a inversores que no comprometen su capital en inversiones altamente riesgosas

open end investment company, Fondo común de inversión abierto

open interest, Volumen abierto

open market, Mercado abierto

open order, Orden abierta

open outcry, Método de vocero tradicional

open position, Posición abierta

open repo, Acuerdo de recompra abierto

open safe custody, Depósito abierto

open-end lease, Contrato de locación que incluye un pago adicional después de la restitución de la propiedad al locador que refleja cambios en el valor del inmueble

opening, Apertura, es decir, el inicio de la rueda o jornada bursátil

opening balance, Saldo inicial

opening price, Precio de apertura

O

opening transaction, Operación que abre una posición nueva
open-market operations, Operaciones de mercado abierto
open-market policy, Política de mercado abierto
open-market rates, Tasas del mercado abierto
operating assets, Activo corriente
operating cost, Costos operativos
operating expenses, Costos operativos
operating income, Ganancia operativa
operating lease, Arrendamiento operativo
operating leverage, Apalancamiento operativo
operating loss, Pérdida operativa
operating profitability, Rentabilidad operativa
operating profits, Ganancias operativas
operating ratio, Coeficiente operativo
opportunity cost, Costo de oportunidad
optimal portfolio, Cartera óptima
option, Opción, es decir, el contrato por el que se adquiere el derecho de comprar (un "call") o de vender (un "put")
option agreement, Formulario que el cliente llena al abrir una cuenta de opciones
option contract, Contrato de opciones
option futures, Futuro sobre opciones
option holder, Tomador de opciones
option period, Tiempo de validez de una opción
option premium, Prima de la opción
option right, Opción de compra o venta de acciones
option series, Serie de opciones

O

option spread, Estrategia de inversión en lo cual se compra y vende en el mismo momento opciones de igual clase pero con diferente fecha de vencimiento o distinto precio de ejercicio o ambos

option writer, Lanzador de opciones

optionable stock, Acciones con opciones vigentes

optional call, Rescate opcional

optional dividend, Dividendo opcional

optional payment bond, Bono cuyo capital e/o intereses se paga en una o más divisas o en moneda nacional, conforme a las instrucciones del tenedor del título

optional redemption, Clausula de amortización anticipada

options exchange, Mercado de opciones

or Better (OB), Expresión para las órdenes de inversión limitadas que suplican que la ejecución se realice al precio establecido o a un precio mayor

order, Orden de inversión

order book official, Agente que tramita órdenes procedentes del público

order imbalance, Desequilibrio de órdenes

order specification, Especificaciones de la orden

order ticket, Formulario que completa el operador bursátil al recibir instrucciones de su cliente

ordinary income, Ganancias ordinarias

ordinary interest, Interés sobre 360 días

ordinary share, Acción ordinaria

ordinary stock, Acción ordinaria

organization chart, organigrama

original cost, Costo de adquisición

O

original issue discount (OID), Emisión primaria bajo la par

original maturity, Vencimiento original

originator, Originador

other income, Otros ingresos

other people's money (OPM), Expresión estadounidense para indicar que se están usando fondos prestados para aumentar la rentabilidad de la inversión

our terms, Práctica de cotizar una divisa en el mercado europeo que consiste en expresar el número de unidades de esa divisa por dólar estadounidense

out of line, Respecto al precio a una acción que esta muy alto o muy bajo en comparación con las acciones de similar calidad

out of sample data, Información en períodos diferentes

out of the money, Precio de ejercicio de una opción superior al precio de mercado

out the window, Frase que describe la gran rapidez con la que se vende una emisión nueva

outbid, Superar una oferta

outflow, Salida de capitales

out-of-favor industry or stock, Sector de la economía o capital accionario que en ese momento no atrae inversores

outside director, Miembro del directorio de una empresa que no trabaja en relación de dependencia para la misma

outstanding balance, Saldo pendiente

outstanding capital stock, Capital accionario en circulación

outstanding installments, Cuotas pendientes

O

outstanding shares, Acciones en circulación
overbooked, Sobresuscripta
overbought, Sobrecomprado
overdue loan, Préstamo vencido
over-extension, Situación en la que un operador compra títulos valores por un monto superior a su capacidad de endeudamiento
overhang, Bloque grande de títulos valores que al lanzar al mercado provocan una disminución en el precio
overhead, Costo indirecto
overheating, Sobrecalentamiento de la economía
overissue, Sobreemisión
overlapping debt, Título de deudas municipales compartidos con otra entidad política que pertenece a la misma área geográfica
overlying mortgage, Crédito hipotecario que cobra después del pago de otras hipotecas
overmargined account, Cuenta con sobremargen
overnight money, Dinero que los bancos con fondos ociosos venden en el mercado interbancario a quienes necesitan fondos por un período de horas
overnight position, Posición, sea corta o larga, en títulos valores al finalizar la rueda o jornada bursátil
overnight repurchase agreement, Acuerdo de recompra en el que se venden títulos valores con la condición de que se van a recomprar al día siguiente a mayor precio
overnight repo, Acuerdo de recompra en el que se venden títulos valores con la condición de que se van a recomprar al día siguiente a mayor precio
overpriced security, Título valor sobrevaluado

O

overshooting, Desbordamiento
oversold, Sobrevendido
oversubscription privilege, Privilegio de compra en una suscripción
oversubscription, Sobresuscripción
over-the-counter market, Mercado extrabursátil
over-the-counter stocks, Acciones que se negocian en el mercado extrabursátil
overvalued, Sobrevaluado
owner's equity, Patrimonio neto

P

P & L (Profit and Loss statement), Estado de resultados
P & S (Purchase and Sale settlement), Estado de cuenta emitido por un agente bursátil
P/E ratio, Relación precio-ganancia
paid-in capital, Capital integrado
paid-in surplus, Aportes de los accionistas por encima del valor nominal de la acción
painting the tape, Práctica ilegal en lo cual se realizan compras y ventas de un determinado título valor que impacta a los operadores entre sí con el propósito de crear un volumen de negociación ficticio
paired shares, Acciones comunes de dos empresas bajo la misma administración que se venden como una sola unidad
paper, Papel
paper credit, Crédito documentado
paper loss, Pérdida de capital no realizada que arrojó una inversión o cartera
paper profit, Ganancia de capital no realizada que arrojó una inversión o cartera
par, Valor nominal
par bond, Bono par
par value, Valor nominal
Parent company, Sociedad controlante
Paris Club, Club de París, es decir, grupo formado por los diez países más industrializados que tratan de

P

coordinar políticas monetarias y fiscales para crear un sistema económico más estable
parity, Paridad
parking, Invertir fondos ociosos en una manera segura y a corto plazo mientras se espera que se presente una mejor oportunidad de inversión
partial delivery, Entrega parcial
partial fill, Ejecución parcial
participating bond, Bono de participación
participating preferred stock, Acciones preferidas participativas
participation certificate, Certificado de participación
participation loan, Préstamo sindicado
partner, Socio
partnership, Sociedad que combina características de la sociedad de personas y de la sociedad colectiva
pass the dividend, Omitir el dividendo
passed dividend, Dividendo omitido
passive bond, Bono que no devenga intereses
passive immunization, Inmunización pasiva, es decir estrategia cuyo objetivo es que la duración de la cartera de renta fija coincida con el plazo de inversion
passive investing, Inversión en un fondo común que duplica un índice del mercado
passive management strategy, Estrategia pasiva de manejo de inversiones
pass-through security, Certificado que acredita la propiedad de un grupo de hipotecas
past due, Vencido, en mora o con atraso
payable, Pagadero
payable on demand, Pagadero a la vista

P

payable to bearer, Pagadero al portador
payable to order, Pagadero a la orden
payback period, Tiempo que se requiere para recuperar el costo de una inversión de capital
paydown, Pago parcial de una deuda
paying agent, Agente pagador
payment against document, Pago contra documentos
payment date, Fecha de pago
payment in kind securities, Pago en especie
payment on account, Pago a cuenta
payment order, Orden de pago
payout ratio, Porcentaje de la ganancia o utilidad neta que se destina al pago de dividendos
pegged exchange rate, Tipo de cambio fijo
pegging, Estabilizar el precio de una divisa, título valor, o producto básico ("commodity") mediante la intervención en el mercado
penalty clause, Cláusula de penalización
penny stock, Título valor que cotiza a la venta a un precio inferior a un dólar
pension fund, Fondo de pensiones
per capita debt, Deuda per cápita
per capita income, Ingresos per cápita
percentage order, Orden de inversión donde el cliente instruye al agente bursátil que compre o venda un número preestablecido de acciones de una sociedad sólo despues de que se ha negociado una cantidad determinada de estas mismas
percentage point, Punto porcentual
perfect competition, Competencia perfecta

P

performance bond, Bono generalmente emitido por un banco que garantiza que el emisor abonará un monto determinados

performance fee, Gratificación

performance fund, Fondo común que invierte en acciones de empresas de alto crecimiento y que casi no paga dividendos

performance stocks, Acciones de alto crecimiento

periodic payment plan, Plan de pagos periódicos

periodic purchase deferred contract, Anualidad diferida de pagos periódicos

permanent financing, Financiamiento permanente

permanent holdings, Posiciones accionarias permanentes

perpendicular spread, Estrategia de inversión en lo cual se usan opciones con fechas de vencimiento similares y diferentes precios de ejercicio

perpetual annuity, Anualidad perpetua

perpetual bond, Bono perpetuo

perpetual warrant, "Warrant" perpetuo

perpetuity, Anualidad perpetua

perry stocks, Acciones de determinadas empresas petroleras o mineras

personal income, Ingresos personales

petrodollars, Petrodólares

petty cash, Caja chica

phantom income, Ganancia proveniente de una reestructuración de deuda

phantom stock plan, Plan de incentivo para ejecutivos a través de lo cual estos reciben una gratificación en base al alza que registraron las acciones de la empresa en el mercado durante un período determinado

P

physical commodity, Producto básico, o "commodity," físico

physicals, Contratos de opciones sobre títulos valores que requiere el aporte materializado del instrumento financiero subyacente

pickup, Ganancia generada con un "swap" de bonos

pickup bond, Bono que está pagando un cupón que se encuentra relativamente elevado y que se encuentra cerca de la fecha de rescate

pink sheets, Publicación diaria del National Quotation Bureau estadounidense que enumera los precios de oferta y demanda de las acciones que se negocian en el mercado extrabursátil

pipeline, Término que se refiere al proceso de colocación que se debe atravesar antes que los títulos valores sean distribuidos al público

pit, Lugar físico dentro de la Bolsa donde se negocian contratos de futuros sobre determinadas especies

place, Colocar una emision de títulos valores

placement on commission, Colocación a comisión

placement ratio, Porcentaje de los bonos municipales vendidos por los colocadores

plastic bonds, Bonos respaldados por cupones de tarjetas de créditos

pledge, Prenda

pledged asset, Bien prendado

plow back, Reinvertir las ganancias de la empresa en vez de destinarlas al pago de dividendos

plus tick, Expresión que se usa cuando un título valor se negocia a un precio superior a su última transacción

point, Punto

P

poison pill, Estrategia defensiva que adopta una empresa para dificultar o encarecer notablemente una compra hostil de sus acciones

pool, Grupo de inversores o empresas con un interés común que se combinan para generar mayores beneficios

portfolio, Cartera de inversiones

portfolio insurance, Técnicas de protección de la cartera

portfolio management, Manejo o administración de carteras

portfolio management theory, Teoría que mantiene que el riesgo total para un rendimiento dado de una cartera bien diversificada es menor que el de cada una de las acciones que conforman dicha cartera, tomadas individualmente, y por lo tanto, es a través de la diversificación, que se puede eliminar el riesgo específico de las acciones, y de esta manera sólo queda el riesgo propio del mercado

portfolio manager, Administrador o gerente de cartera

portfolio security selection, Construcción de carteras

portfolio theory, Teoría que mantiene que el riesgo total para un rendimiento dado de una cartera bien diversificada es menor que el de cada una de las acciones que conforman dicha cartera, tomadas individualmente, y por lo tanto, es a través de la diversificación, que se puede eliminar el riesgo específico de las acciones, y de esta manera sólo queda el riesgo propio del mercado

portfolio turnover, Rotación de los títulos de una cartera

position, Posición

P

position building, Proceso de comprar acciones con la meta de acumular una posición larga o de venderlas para acumular una posición corta
position limit, Límite de posiciones abiertas
position taking, Toma de posiciones
position trader, Operador de productos básicos, o "commodities," que mantiene sus posiciones durante más de seis meses
positive carry, Situación en la que el costo del dinero para el financiamiento de la compra de títulos valores es inferior al rendimiento que generan esos mismos papeles
positive yield curve, Curva de rendimiento positiva
post, Puesto
power of attorney, Poder, es decir instrumento por lo cual se autoriza a una persona a actuar en nombre de otra
precedence, Prioridad que tiene una orden sobre otra en el recinto bursátil
preemptive right, Derecho preferente de suscripción
preference dividend, Dividendo de acciones preferidas
preferred creditor, Acreedor privilegiado
preferred dividend, Dividendo de acciones preferidas
preferred shares, Acciones preferidas, acciones preferenciales
preferred stock ratio, Proporción de acciones preferidas respecto del capital accionario de la sociedad
preferred stock, Acciones preferidas, acciones preferenciales
preliminary prospectus, Prospecto preliminar

P

pre-market dealings, Negociaciones anteriores a la apertura de la rueda o jornada
premium, Prima
premium bond, Bono cuyo precio de venta es superior a su valor nominal o de rescate
premium income, Ganancia o utilidad por primas
premium over conversion value, Prima sobre el valor de conversión
premium raid, Intento sorpresivo de adquirir una posición accionaria en una sociedad a través de ofrecer un precio superior al de mercado
prepayment, Pago anticipado
prepayment penalty, Comisión de precancelación
presale order, Orden de comprar parte de una emisión nueva de bonos municipales antes de conocer el precio o la tasa del cupón y antes de su oferta pública
present value, Valor actual
presidential election cycle theory, Teoría que dice que los movimientos de la Bolsa están asociados con los ciclos económicos a raíz de actos gubernamental con fines electorales
presold issue, Emisión prevendida
pretax earnings, Ganancia antes de impuestos
pretax rate of return, Tasa de retorno antes de impuestos
price appreciation, Apreciación en el precio de una acción
price change, Cambio de precio
price impact, Impacto sobre el precio
price index, Índice de precios
price limit, Precio especificado en una orden limitada
price range, Banda de precios

P

price rise, Alza de cotizaciones
price risk, Riesgo de precio
price spread, Margen de precios
price/book value ratio, Relación precio/valor libros
price/cash-flow ratio, Relación precio/flujo de fondos
price/earnings ratio (P/E), Relación precio-ganancia
price/exchange, Precio fijado por subasta
price/OTC, Precio en el mercado extrabursátil fijado por previa negociación
price/sales ratio (PSR), Relación precio/ventas
price-weighted index, Índice de precios ponderado
pricey, Término para un título valor que está cotizando a un precio elevado o bajo con relación al mercado
pricing, Respecto a la emisión de títulos se refiere al día que se fija el precio antes de la oferta formal
primary distribution, Distribución primaria
primary market, Mercado primario
primary offering, Oferta primaria
primary production, Sector primario
prime, Tasa de interés preferencial
prime paper, Papel comerical, "commercial paper," de máxima calidad
prime rate, Tasa de interés preferencial
principal, Capital, o valor nominal de un activo financiero
principal stockbroker, Accionista con 10% o más del paquete accionario con derecho a voto de una sociedad cotizante, conforme a las normas de la SEC estadounidense
principle of diminishing returns, Principio de los retornos decrecientes

P

priority, Prioridad
prior-lien bond, Bono que cuenta con preferencia respecto de otro bono emitido por la misma empresa no obstante que ambas clases de bonos tienen la misma garantía
prior-preferred stock, Acción preferida que tiene prioridad respecto de otras acciones de la misma clase en su cobro de los dividendos y la distribución de activos al ser liquidados
private activity bond, Clase de bono municipal que se destina parte de lo recaudado para una emisión que cubre actividades privadas
private banking, Banca privada
private equity fund, Fondo que invierte en empresas privadas que no cotizan en Bolsa
private market value (PMV), Valor de desguace
private placement, Colocación privada
private purpose municipal bond, Clase de bono municipal que se destina parte de lo recaudado para una emisión a actividades privadas
pro forma statement, Estado contable pro forma
proceeds, Suma recibida por la venta de un activo
producer price index, Índice de precios mayoristas
product mix, Combinación de productos
production goods, Bienes de capital
profit, Ganancia, utilidad, beneficio
profit and loss statement (P&L), Estado de resultados
profit before taxation, Ganancia antes de impuestos
profit margin, Margen, utilidad o ganancia
profit taking, Toma de ganancias
profitability, Rentabilidad

P

profitable, Rentable
profit-sharing plan, Plan de repartición de utilidades
program trading, Compras y ventas de canastas de 15 o más acciones que se realizan por computadora para los especialistas en arbitraje u operadores institucionales
progressive tax, Impuesto progresivo
promissory note, Pagaré
proposed dividend, Dividendo propuesto
prospectus, Prospecto
proxy, Poder o carta poder
proxy fight, Conflicto para obtener la mayor cantidad de poderes posible
public auction, Subasta pública
public bid, Oferta pública
public limited corporation (PLC), Sociedad anónima
public offering, Oferta pública
public offering price, Precio de oferta publica
public order book, Libro donde enumeran la oferta y demanda del público
public ownership, Estatal
public sector borrowing, Endeudamiento del sector público
public securities association, Asociación de corredores, agentes colocadores de bonos municipales o gubernamentales, instituciones financieras, bancos y operadores de títulos valores respaldados por hipotecas
publicly held corporation, Sociedad cotizante o sociedad que cotiza en Bolsa

P

publicly traded corporation, Sociedad cotizante o sociedad que cotiza en Bolsa
publicly traded fund, Fondo común de inversión cerrado
purchase, Compra
purchase fund, Fondo de rescate
purchase group, Consorcio colocador
purchase order, Orden de compra
purchaser, Comprador
purchasing power, Poder adquisitivo
purchasing power parity (PPP), Paridad del poder adquisitivo (PPA)
purchasing power parity theory, Teoría de la paridad del poder adquisitivo
pure factor play, Cartera de inversiones sensible a un sólo factor
pure play, Frase para una empresa cuya actividad está concentrada en un solo sector de la economía
purpose loan, Préstamo respaldado por títulos valores cuya finalidad es comprar papeles adicionales
purpose statement, Formulario que el tomador de un crédito completa para proporcionar información sobre el uso que le dará al préstamo respaldado por títulos valores
put and call option, Tipo de contrato de opción especial en lo cual uno tiene el derecho de exigir la entrega de los papeles a un precio menor que el de mercado a cambio de una prima fijada de antemano
put bond, Bono con opción de reventa
put option, Opción de venta
put to seller, Frase que se usa cuando el lanzador de una opción de venta se esta obligado a ejercerla, o sea,

P

tiene que comprar el activo subyacente al precio convenido en el contrato

puttable perpetual floating rate note, Nota a tasa flotante perpetua que se amortiza a través de opción del inversor después que transcurre un determinado período

pyramiding, Estrategia a través de lo cual se usan ganancias no realizadas de una posición de títulos valores o productos básicos,"commodities." como garantía para adquirir posiciones adicionales con fondos prestados por el agente bursátil

Q

qualification shares, Acciones de depósito obligatorio
qualified acceptance, Aceptación con condiciones
qualified endorsement, Endoso limitado, es decir endoso que contiene algún tipo de limitación con respecto de la responsabilidad del endosante
qualified opinion, Dictamen u opinión con salvedades
qualifying shares, Acciones en caución, o sea, acciones que depositan los miembros del directorio de una sociedad durante toda su gestión. Estas acciones sirven para cubrir los posibles pasivos atribuibles al directorio
qualifying stock option, Privilegio que reciben algunos empleados de una empresa, mediante lo cual pueden comprar, a un precio especial, acciones del capital social, conforme a las condiciones en vigor según el Internal Revenue Service Code de los Estados Unidos
qualitative analysis, Análisis cualitativo, es decir un análisis que evalúa factores que no pueden medirse con precisión, como por ejemplo, la experiencia y capacidad de la gerencia
quality control, Control de calidad
quality of earnings, Utilidades de calidad, es decir ganancias que genera una empresa a partir de un incremento en las ventas y del control de costos, en contraste a utilidades artificiales

Q

quant, Persona con sólidos conocimientos de matemática y computación que presta servicios de apoyo analítico y estadástico al mercado finaciero

quantitative analysis, Análisis cuantitativo

quantity discount, Descuento por cantidad o volumen

quarter, Trimestre

quarter stock, Capital accionario compuesto por acciones cuyo valor nominal es de $25 USD

quarterlies, Informes financieros trimestrales

quarterly period, Trimestre

qausi-public corporation, Empresa semipública

questioned trade (QT), Frase que se usa cuando no se conocen los detalles de una determinada operación

quick assets, Activos líquidos

quick ratio, Prueba ácida, es decir la capacidad que tiene la empresa para cumplir con sus obligaciones a corto plazo

quid pro quo, Frase del latín que significa "algo por algo;" expresión legal

quiet period, En Estados Unidos, frase para el plazo en el que un emisor está en período de inscripción y, y por lo tanto, está sujeto a una regla de la SEC que no le permite hacer publicidad promocional

quotation, Cotización

quotation board, Panel de cotizaciones

quotation list, Lista de cotizaciones

quoted company, Sociedad cotizante

quoted investment, Inversiones con cotización oficial

quoted price, Precio de la última operación

quoted shares, Acciones cotizantes, o acciones con cotización oficial

R

R&D, Investigación y desarrollo
racketeering, Extorsión
raider, Persona o empresa que trata de adquirir el control de una sociedad comprando una participación mayoritaria de la misma y cambiando administración
rainy day money, Activos que se reservan para la jubilación o uso personal
rally, Recuperación en los precios
range, Banda de fluctuación
rate, Porcentaje, tarifa o tasa
rate anticipation swap, Venta de un bono y la compra simultánea de otro con diferente fecha de vencimiento
rate base, Base de valuación
rate case, Audenciencia tarifaria
rate of exchange, Tipo de cambio
rate of inflation, Índice de inflación
rate of return, Tasa de retorno
rateable value, Valuación fiscal
rates for advances against collateral, Tasa aplicada en adelantos contra garantías
rating, Calificación crediticia
ratio analysis, Análisis de proporciones financieros
ratio spread, Estrategia con opciones en lo cual se compra o vende "puts" o "calls" con idéntica fecha de

R

vencimiento, precios de ejercicio diferentes y en proporciones distintas

ratio writer, Lanzador de opciones que vende más contratos de opciones de compra que acciones subyacentes

raw materials, Materias primas

reading the tape, Seguimiento de la cinta de precios, o el "ticker"

Reaganomics, Programa económico en vigor en Estados Unidos durante la administración del presidente Ronald Reagan

Real Estate Investment Trust (REIT), Fondo común que invierte en el mercado inmobiliario

real assets, Activos reales

real estate, Bienes inmuebles, bienes raíces

real estate tax, Impuesto inmobiliario, o predial

real income, Ingreso real

real interest rate, Tasa de interés real

real investment, Inversiones en activos tangibles

real property, Bienes inmuebles, bienes raíces

real rate of return, Tasa de retorno real

realized gains, Ganancias realizadas

realized loss, Pérdida realizada

realized profit, Ganancia realizada

realty, Bienes inmuebles, bienes raíces

rebate, Rebaja, bonificación o descuento

recall, Rescatar una emisión

recapitalization, Reestructuración del capital

receipt, Recibo, comprobante

receivables, Cuentas a cobrar

R

receiver, Síndico de la quiebra
receiver's certificate, Título de deuda emitido por un síndico, lo cual emplea la recaudación para financiar las operaciones de la empresa en concurso o quiebra
recession, Recesión
reclamation, Reclamo
record date, Fecha de registro
recourse loan, Préstamo con aval personal
recovery, Recuperación
redeemable bond, Bono rescatable
redemption, Rescate o amortización
redemption date, Fecha de rescate
redemption fee, Comisión de salida
redemption price, Precio del rescate
rediscount, Redescuento
reference rate, Tasa de referencia
refinancing, Refinanciamiento
refund, Reembolso o devolución
refunding, Refinanciamiento
refunding bond, Bonos de refinanciación
regional bank, Banco regional
regional stock exchange, Bolsa regional
registered bond, Bono nominativo
registered company, Empresa registrada

R

registered competitive market maker, Agente bursátil registrado en la National Association of Securities Dealers (NASD) como creador de mercado en un dado mercado extrabursátil

registered competitive trader, Agente que forma parte de los miembros de la Bolsa de Nueva York que operan con cartera propia

registered coupon bond, Bono nominativo

registered equity market maker, Agente bursátil miembro de la American Stock Exchange que opera con cartera propia

registered investment company, Sociedad gerente registrada

registered options trader, Agente que negocia en el recinto de la American Stock Exchange y que cuenta con la autorización de funcionario que detecta irregularidades en las operaciones relacionadas con el grupo de opciones que le fue asignado

registered representative, Oficial de cuenta autorizado

registered security, Título valor nominativo, o título valor inscripto en la SEC estadounidense

registered share, Acción nominativa

registered share with restricted transferability, Acción nominativa no endosable

registrar, Registro

registration, Inscripción

registration fee, Derecho de inscripción

registration statement, Registro de emisión

regression analysis, Análisis de regresión

regressive tax, Impuesto regresivo

R

regular way delivery and settlement, Operación bursátil cuya entrega y liquidación se realiza en la oficina del agente comprador al quinto día hábil posterior al día de la transacción conforme a las normas de la NYSE

regulation A, Norma de la SEC de Estados Unidos que simplifica el registro de las emisiones entre $50,000 y $300,000 USD

regulation G, Norma de la Reserva Federal estadounidense que regula a los prestamistas que no son bancos comerciales y a los agentes bursátiles

regulation Q, Norma de la Reserva Federal que estadounidense que fija un techo para las tasas de interés que los bancos y otras entidades de ahorro pueden pagar por los depósitos a plazo fijo y sobre las sumas depositadas en cajas de ahorro

regulation T, Norma de la Reserva Federal estadounidense que establece el crédito máximo que los agents bursátiles pueden otorgar a sus clientes

regulation U, Norma de la Reserva Federal estadounidense que establece el crédito máximo que un banco puede otorgar a sus clientes para que estos adquieran títulos valores a margen o mantenga sus cuentas de margen

reinsurance, Reaseguro

reinvestment discount, Descuento por reinversión

reinvestment rate, Tasa de reinversión

REIT, Fondo común que invierte en el mercado inmobiliario conocida en inglés como el "Real Estate Investment Trust"

relative strength, Fuerza relativa

R

release clause, Cláusula de un contrato de hipoteca que permite desgravar el bien hipotecado después del pago de un determinado porcentaje de la deuda
remargining, Reposición de margen
rembrandt bond, Bono Rembrandt
rendering of services, Prestación de servicios
renegotiated loan, Préstamo renegociado
renewal, Renovación o prórroga
renewal coupon, Cupón de renovación
reorganization, Reorganización
reorganization bond, Bono de reestructuración
repatriation, Repatriación de capital
repayment, Pago
repeat prices omitted, La omisión de la repetición de precios
replacement cost, Costo de reposición
replacement cost accounting, Contabilidad a costo de reposición
repurchase agreement (repo), Acuerdo de recompra
repurchase price, Precio de recompra o precio de rescate
required rate of return, Tasa de retorno mínima
rescheduling of debt, Reajuste del vencimiento de la deuda
rescind, Rescindir, o cancelar un contrato
research and Development (R&D), Investigación y desarrollo
reserve, Reservas
reserve currency, Moneda o divisa de reserva
reserve for bad debt, Fondo para deudores incobrables

R

reserve required by the articles of association, Reserva estatutaria

reserve requirement, Reserva mínima exigida

reset bond, Bono ajustable

residual security, Título valor que cuenta con un efecto potencial de dilución en las ganancias por acción

residual value, Valor residual, es decir, el valor de mercado de un activo al finalizar su vida útil, o la suma de las amortizaciones de un título valor que están pendientes de pago

resistance level, Nivel de resistencia

resource allocation, Asignación de recursos

resource gap, Déficit de recursos

restatement of asset values, Actualización del valor de los activos

restocking, Reposición de existencias

restricted account, Cuenta bloqueada

restricted retained earnings, Proporción de las ganancias retenidas que bajola ley no se puede destinar al pago de dividendos.

restricted stock, Acciones no ofrecidas por oferta pública

restricted surplus, Proporción de las ganancias retenidas que bajo la ley no se puede destinar al pago de dividendos

restrictive endorsement, Endoso no a la orden

retail house, Casa de Bolsa minorista

retail investor, Inversor minorista

retail price, Precio minorista

retained earnings, Resultados no asignados

retained income, Ganancia o utilidad no asignada

retention, Retención

R

retention rate, Tasa de retención
retirement, Retiro, o cancelación de una acción o bono
return, Rendimiento, retorno, o declaración de impuestos
return on assets (ROA), Retorno sobre el activo
return on equity (ROE), Retorno sobre el capital
return on invested capital (ROC), Retorno sobre la inversión
return on investment (ROI), Retorno sobre la inversión
return on sales, Retorno sobre las ventas
revaluation, Revalúo
revaluation deficit, Pérdida por revalúo de activos
revenue bond, Bono municipal cuyos intereses y capital se pagarán con los ingresos generados por el activo que está siendo financiado con la emisión
revenues, Ingreso
reversal, Reversión
reverse a swap, Revertir un "swap"
reverse annuity mortgage (RAM), Anualidad por hipoteca revertida
reverse mortgage, Hipoteca revertida
reverse stock split, Reducción de acciones en circulación
reversing trade, Operación contraria
revocable order, Orden de inversión revocable
revolving credit, Crédito renovable
RHO, Coeficiente RHO
rigged market, Mercado manipulado
right, Derecho preferente de suscripción
right issue, Emisión con derechos preferentes de suscripción

R

right of redemption, Derecho que tiene el deudor hipotecario a recuperar su inmueble siempre y cuando pague la suma adeudada, que consiste de capital e intereses, más los costos de la operación

right offering, Oferta de acciones a tenedores de derechos de suscripción

rights issue, Emisión de derechos de suscripción

ring, Sala dentro de la Bolsa donde se ejecutan las operaciones

risk, Riesgo

risk adjusted return, Retorno ajustado por exposición a un riesgo

risk arbitrage, Arbitraje de riesgo

risk aversion, Aversión al riesgo

risk capital, Capital de riesgo

risk free asset, Activo libre de riesgo

risk free borrowing, Tomar un préstamo a tasa libre de riesgo

risk free return, Retorno sobre una inversión libre de riesgo

risk management, Gestión o administración de riesgo

risk neutral investor, Inversor neutral con respecto al riesgo

risk premium, Prima de riesgo

risk spread, Margen o diversificación de riesgos

riskless transaction, Operación sin riesgo

rocket scientist, Profesional empleado de una sociedad de Bolsa para que cree instrumentos financieros inovadores

roll down, Cerrar una posición en opciones y abrir otra al mismo tiempo con precio menor de ejercicio

R

roll forward, Cerrar una posición en opciones y abrir otra al mismo tiempo con fecha de vencimiento más lejana

roll over risk, Riesgo de que disminuya el precio de una opción o de un contrato de futuros precisamente en el momento de cerrar una posición y abrir otra

roll up, Cerrar una posición en opciones y al mismo tiempo abrir otra con precio mayor de ejercicio

rolling stock, Rodados

rollover, Renovación, o traslado de fondos de una inversión a otra

roll-over credit, Crédito a mediano o largo plazo a tasa flotante

round lot, Lote completo

round trip trade, Compra y venta de un mismo título valor por un inversor

royalty, Regalía

Rule 144, Regla de la SEC que requiere que un emisor de títulos no registrados puede hacer una venta pública sin tener que registrar en la SEC el documento correspondiente

Rule 405, Norma que exige a los operadores conocer la situación financiera y objetivos de sus clientes antes de abrir cuentas nuevas

Rules of Fair Practice, Normas éticas

rumortrage, Palabra inventada para referirse a compras y ventas basadas en rumores sobre un supuesto plan to tomar posesión de una empresa, o "takeover"

run, Corrida bancaria, o una lista de títulos valores que presentemente se estan operando

runaway inflation, Inflación galopante

R

rundown, Resumen de la cantidad y precio de las unidades que no se han vendido de un bono de vencimientos escalonados emitido por una municipalidad

running ahead, Práctica ilegal en lo cual se compra o vender un título valor para la cuenta personal de un agente antes de ejecutar la misma orden de un cliente

running yield, Tasa de retorno

runoff, Lista con los precios de cierre que aparecen en la cinta electrónica, o el "ticker," después de finalizada la rueda o jornada bursátil

S

S&P Phenomenon, Fenómeno S&P

safe harbor, Frase qu se refiere a dos cosas, o sea un movimiento financiero o contable destinado a evitar consecuencias legales o impositivas a la estrategia que una empresa emplea para evitar que otra empresa que adquiera control de esta misma

safekeeping, Custodia de valores

sale, Venta

sale and leaseback, Contrato de locación a través de lo cual una empresa vende un activo fijo a otra para luego alquilárselo por un período definido

sales charge, Comisión de venta

sales literature, Material publicado por un fondo común de inversion, casa de Bolsa o agente colocador con información sobre el producto que ofrecen

sales load, Comisión de venta

sales tax, Impuesto a las ventas

Sallie Mae (Student Loan Marketing Association), Empresa estadounidense autorizada por el gobierno federal que crea un mercado secundario para los préstamos de estudiantes

salvage value, Valor residual

same-day substitution, Cambios compensatorios realizados en una cuenta de margen durante el transcurso del mismo día

Samurai bond, Bono Samurai

S

Saturday night special, Una oferta pública que repentinamente realiza una empresa para adquirir otra

savings account, Cuenta o caja de ahorro

Savings and Loan Association, Sociedad de Ahorro y Préstamo estadounidense

savings bank, Banco de ahorro

savings bond, Bono de ahorro

scale, Escala

scale order, Orden de inversión que se ejecuta en etapas con la meta de promediar el precio de la operación

scalper, Término para especulador que busca beneficios pequeños en el día o a muy corto plazo

scrap value, Valor residual

screen (stocks), Buscar acciones que cumplan con criterios establecidos financieros y de inversión

scrip, Normalmente, término que se agrega a un certificado para indicar que el portador tiene algún derecho o privilegio que aún no ha aprovechado

scripophily, Práctica en la cual en acumular acciones y certificados de bonos por su escasez y no por su valor como título

seasonality, Estacionalidad

seasoned issue, Títulos valores que son muy líquidos en el mercado secundario y muy solicitados por el público inversor

Seat, Asiento

SEC fee, Comisión reducida que cobra la SEC a los vendedores de acciones que negocian en la Bolsa

S

second preferred stock, Acción subordinada a las preferidas, cuales sin embargo cuentas con ciertos derechos
secondary distribution, Distribución secundaria
secondary factor, Factor secundario
secondary liability, Responsabilidad subsidiaria
secondary market, Mercado secundario
secondary mortgage, Hipoteca de segundo grado
secondary mortgage lending, Préstamo garantizado por una hipoteca de segundo grado
secondary mortgage market, Mercado secundario de hipotecas
secondary public offering, Oferta pública secundaria
secondary stocks, Acciones de menor capitalización bursátil normalmente de inferior calidad
sector fund, Fondo de inversión especializado que invierte en un determinado sector económico
secular trend, Tendencia alcista o bajista a largo plazo en un mercado de valores y que, normalmente, no intervienen factores estacionales o cíclicos
secured bond, Bono garantizado
secured creditor, Acreedor privilegiado
secured debt, Deuda garantizada
secured loan, Préstamo o crédito garantizado
securities analyst, Analista de activos financieros
Securities and Exchange Commission (SEC), La comisión de valores de los Estados Unidos
securities clearing, Cámara compensadora, o "clearing," de títulos
securities loan, Préstamo de títulos valores
securities portfolio, Cartera de títulos de valores

S

securities trading statement, Estado de cuenta bursátil
securitization, Securitización
security, Título valor
security holding, Tenencia de valores
security market, Mercado de títulos valores
security market line (SML), Línea de mercado
security rating, Calificación crediticia
seed money, Frase para el primer aporte de capital que realiza un capitalista de riesgo con el objetivo de financiar el inicio de las operaciones de una empresa nueva
seek a market, Buscar mercado
segregation of securities, Norma de la SEC que prohibe a los operadores mezclar sus títulos valores con los de sus clientes, ni tampoco a los valores de sus clientes entre sí, sin contar con su autorización por escrito
selectivity, Selectividad
self-financing, Autofinanciación
self-supporting debt, Bono que se emite para financiar un proyecto que generaría fondos suficientes para pagar no sólo los intereses sino también el capital de la deuda
sell at auction, Vender en subasta
sell for future delivery, Vender a término
sell forward, Vender a término
sell leg, Punta vendedora
sell limit order, Orden de venta limitada
sell off, Liquidar activos
sell out, Frase que quiere decir, liquidar una cuenta de margen cuando el cliente ya no puede reponer el

S

margen mínimo de garantía; o la indicación que se agoto una emisión nueva

sell plus, Orden de venta con instrucciones de ejecutarla siempre y cuando el precio del título valor incrementó respecto de la anterior transacción

sell short, Vender corto

sell side, Punta vendedora

sell the book, Frase para una orden de un tenedor con gran número de acciones que autoriza a que su operador venda la mayor cantidad posible sin que se modifique el precio de mercado

sell-stop order, Orden de venta con precio tope

seller's market, Mercado favorable al vendedor

seller's option, Operación bursátil donde el vendedor realiza la liquidación después de un plazo de cinco días hábiles

selling climax, Frase para una caída pronunciada de los precios de los títulos cuando los tenedores venden sus posiciones al mismo tiempo

selling commission, Comisión de venta

selling concession, Descuento sobre el precio de los títulos valores que un consorcio otorga a los bancos responsables de la venta

selling group, Grupo o consorcio vendedor

selling off, Situación cuando se venden títulos o productos báscios, "commodities," bajo presión con la meta de evitar mayores caídas de precio

selling on the good news, Estrategia de vender acciones después del anuncio de una noticia positiva por una sociedad

selling rate, Tipo de cambio vendedor

S

selling short, Vender corto
selling short against the box, Frase para cuando se vende corto teniendo la especie depositada en cuenta
selling terms, Condiciones de venta
semi-annual coupon, Cupón semestral
senior bond, Bono que tiene prioridad sobre otros activos
senior refunding, Reemplazo de títulos con vencimiento entre 5 y 12 años por una emisión nueva con vencimiento más lejano
sensitive market, Mercado sensible
sensitivity analysis, Análisis de sensibilidad
sentiment indicators, Indicadores del ánimo de los inversores
serial bonds, Bonos de maduraciones escalonadas
serial floating rate note (Serial FRN), Título a tasa flotante que lleva en adición al cupón para el cobro de intereses otro cupón para el cobro de amortizaciones estipuladas
series of option, Cupones sobre la misma especie que cuenta con igual precio de ejercicio e idéntica fecha de vencimiento
service, Sector servicios
settlement, Liquidación
settlement date, Fecha de liquidación
settlement price, Precio de liquidación
settlement risk, Riesgo de liquidación
setup, Estructura financiera
servicing industry, Sector servicios
shadow calendar, Enumeración de emisiones en proceso de inscripción ante la SEC y que todavía no tienen asignada una fecha para su oferta

S

shakeout, Fenómeno en la que los especuladores se ven obligados a vender sus posiciones aunque en lo general incurren pérdidas

share, Acción o cuotaparte

share broker, Un operador que calcula sus comisiones de acuerdo con la cantidad de acciones que negocia en lo general conforme a un acuerdo en que a mayor número de operaciones, menor porcentaje de comisión

share capital, Capital social

share certificate, Certificado de acción

share dividend, Dividendo en acciones

share of profits, Participación en las utilidades

share portfolio, Cartera de acciones

share repurchase plan, Plan o programa de recompra de acciones

shareholder, Accionista o cuotapartista

shareholder of record, Accionista registrado

shareholder's equity, Patrimonio neto

shareholding, Participación accionaria

shares authorized, Acciones autorizadas

shares outstanding, Acciones en circulación

shark, Empresa o inversor que realiza una oferta hostil para adquirir el control de una sociedad

shark repellent, Estrategia que aplica una empresa para evitar que otra adquiera su control por medio de un "takeover"

shark watcher, Empresa que especializa en detectar esfuerzos para tomar control, o "takeovers"

shelf regulation, Registración de una emisión conforme la Regla 415 de la SEC

S

shell corporation, Empresa constituida como persona jurídica, pero que casi no posee activos y sus operaciones son escasas y normalmente son creadas para evader impuestos
Shogun bond, Bono Shogun
shop, Oficina del operador bursátil
short, Venta corta
short against the box, Frase para la venta de acciones en descubierto cuando se tienen las mismas en cartera
short bond, Bono corto
short coupon, Cupón corto
short covering, Cerrar una posición abierta
short hedge, Cobertura corta
short interest, Frase para la cantidad total de acciones vendidas cortos y que todavía no han sido recompradas para cerrar la posición vendedora
short interest ratio, Relación entre las ventas cortas y el total de ventas
short option position, Posición corta en opciones
short position, Posición corta
short sale, Venta corta
short squeeze, Situación cuando los precios de los contratos de futuros sobre acciones o productos básicos, "commodities," empiezan a subir en forma marcada, y por lo tanto muchos operadores cortos salen a comprar para cubrir sus posiciones cortas
short term, A corto plazo
short term capital gains, Ganancias por tenencia de valores a corto plazo
short-dated, A corto plazo
short-term debt, Deuda a corto plazo

S

side-by-side trading, El acto de negociar un título valor y una opción sobre idéntico título en la misma Bolsa

sideways market, Mercado que registra leves movimientos de precio

sight draft, Letra de cambio a la vista

silent partner, Socio pasivo u oculto

simple interest, Interés simple

single option, Término que se usa para distinguir un "put" o un "call" de una operación que comprende dos o más opciones, o sea, un "straddle"

single-premium life insurance, Seguro de vida de prima única

sinking fund, Fondo de amortizacón

sister corporations, Empresas hermanas

size effect, Efecto tamaño de las empresas pequeñas

sizing, Práctica donde se determina la cantidad de acciones o bonos que se incluirán en una emisión nueva

skip-payment privilege, Cláusula en un contrato de hipoteca o préstamo de repago en cuotas que permite al prestatario omitir uno o varios pagos sin castigo, siempre y cuando notifique con anticipación al prestamista

skip-say settlement, Liquidación con un día de atraso

SLD, Punta vendedora

SLD last sale, Frase que aparece en la cinta electrónica, o sea el "ticker," después del símbolo del título valor que significa que registró cambios de precios fuera de lo normal

sleeper, Acción que genera poco interés entre los inversores

S

sleeping beauty, Blanco potencial de una toma de control, o "takeover," que todavía no recibió ningún acercamiento

slip, Minuta

small firm effect, Efecto tamaño de las empresas pequeñas

small investors, Inversores pequeños

small shareholder, Accionista minoritario

snowballing, Situación en la que la activación de las órdenes a precio cierto, es decir "stop orders," en un mercado en baja o en alza provoca aun más caídas o alzas de precios, y por lo tanto ejerce mayor presión sobre los precios creándo un círculo vicioso

social consciousness investment, Inversiones socialmente responsables

soft currency, Moneda o divisa débil

soft landing, Aterrizaje suave

soft loan, Crédito blando

soft market, Mercado favorable al comprador

sold-out market, Mercado vendido por completo

solvency, Solvencia

sovereign risk, Riesgo soberano

special arbitrage account, Cuenta especial de arbitraje

special bid, Oferta especial

special bond account, Cuenta de margen reservada para transacciones con bonos del gobierno, municipalidades, y otras determinadas obligaciones negociables que no son convertibles

special drawing rights (SDR), Derechos especiales de giro

S

special miscellaneous account (SMA), Cuenta donde se depositan los fondos que exceden el margen mínimo de garantía

special offering, Venta de un bloque grande de acciones dirigido exclusivamente a los agentes miembros de la NYSE y que se realiza durante la rueda o jornada bursátil

special purpose bond, Bono que emite una municipalidad para realizar una obra pública financiada a través de esa emisión de deuda

special tax bond, Bono respaldado por impuestos especiales

specialist, Especialista

specialist block purchase and sale, Frase para una transacción en la que un especialista compra un bloque grande de títulos valores con la intención de venderlo por su propia cuenta o tratar de colocarlo con otro agente con cartera propia

specialist book, Libro del especialista donde se asientan las órdenes

specialist short-sale ratio, Relación entre las ventas cortas realizadas por especialistas y las ventas cortas totales

specialist unit, Especialista de la Bolsa, que puede ser una persona, sociedad o grupo de firmas, que esta autorizada por el mercado para que actúe como representante de otros agentes y mantenga un mercado estable para papeles determinados

specialized mutual fund, Fondo de inversión especializado

specific risk, Riesgo específico o riesgo propio

S

speculation, Especulación
speculative bubble, Burbuja especulativa
speculative grade bonds, Bonos altamente especulativos
speculative securities, Valores de especulación
speculator, Especulador
spike, Cambio repentino en el precio de un título valor que se realizó con la misma rapidez vuelve a su nivel anterior
spin-off, Escisión
split, Partición accionaria, fraccionamiento de acciones
split commission, Comisión compartida
split offering, Emisión de bonos municipales que consisten en parte por bonos con maduraciones escalonadas y bonos de vencimiento único
split rating, Calificación dividida
split up value, Valor de desguace
sponsor, Inversor importante que influye la demanda sobre títulos valores en su cartera
spot, Precio contado
spot market, Mercado contado
spot month, Mes más cercano se entrega del activo subyacente conforme a un contrato de futuros
spot price, Precio contado
spot transaction, Operación "spot"
spread, Margen
spread order, Orden de inversión que indica la serie de opciones cotizantes que el cliente quiere comprar y vender para generar una determinada diversifación de riesgo o margen
spreading, Estrategia que consiste en comprar y vender contratos de opciones de la misma clase sobre igual

S

activo subyacente con el objeto de aprovechar de las fluctuaciones de precio de ese activo

spreading of risks, Diversificación de riesgos

spreadsheet, Planilla donde las empresas asientan información contable

squeeze, Situación cuando comienzan a subir los precios de los futurosy por lo tanto los inversores que vendieron corto se ven obligados a cubrir sus posiciones

stabilization stage, Etapa de estabilización

stag, Especulador que en el corto plazo compra y vende acciones para obtener ganancias de inmediato

stagflation, Estanflación

staggering maturities, Vencimientos escalonados

stagnation, Estancamiento económico

stand-by agreement, Compromiso que asume el banco de mantener disponible a favor del prestatario una cantidad de dinero determinada durante un período establecido

stand-by commitment, Compromiso que asume el banco de mantener disponible a favor del prestatario una cantidad de dinero determinada durante un período establecido

stand-by credit, Crédito-puente

stand-by fee, Compromiso que asume el banco de mantener disponible a favor del prestatario una cantidad de dinero determinada durante un período establecido

stand-by underwrite, Comisión por el compromiso que asume el banco de mantener disponible a favor del

S

prestatario una cantidad de dinero determinada durante un período establecido

Standard & Poor's Index, Índice Standard & Poor's
standard deviation, Fondo de inversión especializado
start-up, Empresa que recién inicia sus operaciones
stated value, Valor fijado
statement of income, Estado de resultados
statement of operations, Estado de resultados
statutory audit, Auditoría obligatoria
statutory consolidation, Fusión propiamente requerida
statutory investment, Inversiones autorizadas para los individuos con responsabilidades fiduciarias
statutory merger, Fusión por absorción
staying power, Capacidad de retener una inversión que ha perdido valor
step down bond, Bono declinante
step up bond, Bono ascendente
step-down floating rate note (FRN), Título a tasa flotante a muy largo plazo, normalmente de 30 años, con cupón declinante con relación al tipo de interés de referencia
stock, Puede ser acción; capital accionario; o existencias, reservas o inventario
stock ahead, Órdenes al mismo precio y anteriores en el tiempo
stock appreciation relief, Frase para expresar la desgravación fiscal por alza en el valor de las existencias
stock average, Índice accionario
stock buyback, Recompra de acciones
stock certificate, Certificado de acción

S

stock company, Sociedad por acciones
stock dividend, Dividendo en acciones
stock Exchange, Bolsa de valores
stock exchange automatic quotation (SEAQ), Sistema computarizado de cotización y negociación de valores de la Bolsa de Londres
stock exchange list, Boletín de cotización oficial
stock index futures, Futuros sobre índices bursátiles
stock market, Mercado bursátil o mercado de valores
stock option, Opción sobre acciones
stock outstanding, Acciones en circulación
stock rating, Calificación de acciones
stock split, Partición accionaria
stock swap, "Swap" de acciones, es decir canje de acciones
stock symbol, Símbolo de la acción
stock watcher, Servicio computarizado a través lo cual se controla las negociaciones y movimiento de las acciones en la NYSE
stock yield, Rendimiento de la acción
stockholder, Accionista
stockholder equity, Capital social en manos de accionistas
stockowner, Accionista
stocks not listed, Títulos valores que no se cotizan en Bolsa
stocks not quoted, Títulos valores que no se cotizan en Bolsa
stop limit order, Orden limitada con precio tope
stop loss order, Orden de vender si el precio cae por debajo de un límite determinado

S

stop order, Orden a precio cierto

stop price, Precio al que la orden comienza a ser efectiva

stop-out price, Precio más bajo al que se vendieron letras del Tesoro estadounidense en una subasta

story stock, Títulos valores con caracterésticas tan complejas e involucradas que los inversores normalmente necesitan asesoramiento especializado para comprenderlos

straddle, Estrategia de inversión que consiste en la adquisición simultánea de una opción de compra y otra de venta sobre la misma acción subyacente siempre y cuando cuente con la fecha igual de vencimiento

straight bond, Bono que no cuenta con una cláusula que garantiza su convertibilidad u otro tipo de privilegio

strap, Término para la estrategia de inversión que consiste en la adquisición de dos opciones de compra y una de venta sobre la misma acción

street, Abreviatura de Wall Street

street name, Títulos valores depositados a nombre del operador y no del cliente

strike price, Precio de ejercicio

strip, Estrategia de inversión que consiste en la adquisición de dos opciones de venta y una opción de compra sobre la misma acción para disminuir el riesgo

stub stock, Frase para aciones ordinarias o instrumentos convertibles en acciones de una empresa con mucha deuda

S

Student Loan Marketing Association, Nombre formal de Sallie Mae

subject, Cotizacion negociable, es decir que no esta en firme

subscribed capital, Capital suscripto

subscription, Subscripción, es decir, el compromiso de adquirir nuevas acciones

subscription form, Formulario o solicitud de suscripción

subscription price, Precio de suscripción

subscription ratio, Cantidad de derechos de suscripción que se requieren para comprar una acción

subscription right, Derecho preferente de suscripción

subscription warrant, Warrant por subscripción

subsidiary, Subsidiaria o filial

subsidiary company, Subsidiaria

suicide pill, Estrategia para evitar la toma de control, "anti-takeover," que puede tener consecuencias catastróficas para la empresa que se trata de proteger

sumptuary tax, Impuesto a los bienes suntuarios

sundry expenses, Gastos varios

sunk cost, Costo irrecuperable

sunrise industries, Frase para referirse a los sectores de la economía que están registrando mayor crecimiento

super sinker bond, Bono con cupones a largo plazo, pero que sin embargo cuentan con vencimiento a corto plazo

supply, Oferta

supply side economics, Economía del lado de la oferta

support level, Piso o precio soporte

surplus, Superávit

S

surtax, Impuesto aplicado a las empresas que generan ganancias superiores a un nivel determinado
suspended trading, Negociación suspendida
swap, Operación que consiste en intercambiar un título valor por otro, o "swap"
swap order, Orden de "swap"
swaption, Opción sobre un "swap" de tasas de interés
sweetener, Término para las caracterésticas atractivas que se agregan a los títulos convertibles para pagar menos intereses
switching, Término para reflejar un cambio en el perfil de las inversiones
syndicate, Consorcio o sindicato
syndicate manager, Líder del consorcio colocador
syndicated loan, Préstamo sindicado
synergy, Sinergia
synthetic security, Título sintético
systematic risk, Riesgo sistemático

T

tail, Fracción decimal de la suma que pide un emisor potencial para hacerse cargo de la colocación de la emisión de títulos valores

tailgating, Práctica en lo cual el operador al recibir una orden de compra o venta de un determinado título valor de un cliente, presenta otra orden sobre el mismo título y para su cartera propia

take a bath, Frase que quiere decir que uno ha perdido mucho dinero en una inversión

take a flier, Expresión que significa especular

take a position, Tomar una posición

takedown, Porcentaje de la emisión que se distribuye a cada uno de los bancos de inversión a través de una oferta pública inicial o secundaria

take-or-pay contract, Acuerdo a través lo cual el comprador y vendedor que obliga al primero a pagar una cantidad mínima del producto o servicio, aún cuando su entrega no sea inmediata

takeout, Crédito hipotecario a largo plazo que se usa para refinanciar un crédito a corto plazo destinado pra la construcción, o retiro de capital de una cuenta de corretaje

takeover, Tomar control o adquirir completamente

takeover bid, Oferta pública para tomar control o adquirir

T

taking delivery, Recibir posesión o entrega, o recibir físicamente los certificados de acciones o bonos adquiridos o transferidos de una cuenta a otra

tampering with the market, Frase que se usa para operaciones que realizan los agentes de Bolsa para modificar la dirección de los precios del mercado

tangible assets, Activos tangibles

tangible net worth, Patrimonio neto tangible

tape, Sistema computarizado que en forma continua transmite los precios y el volumen de las operaciones realizadas en el recinto bursátil

target company, Empresa objeto a una adquisición, toma de control o "takeover"

target price, Precio que se espera pagar al inversor para tomar el control de una empresa, o el precio al que se espera que llegue una acción

tariff, Tarifa o arancel aduanero

tax, Impuesto

tax allowance, Desgravación fiscal

tax basis, Costo de adquisición para fines fiscales o impositivos

tax burden, Carga tributaria o fiscal

tax charges, Cargos fiscales o impositivas

tax credit, Crédito fiscal

tax deferred, Frase para una inversión cuya utilidad acumulada está libre de impuestos hasta el momento que el inversor tome posesión de ella

tax exempt bond, Bono exento de impuestos

tax haven, Paraíso fiscal

tax loss carryback, Pérdida trasladable a ejercicios anteriores para fines fiscales o impositivos

T

tax loss carryforward, Pérdida trasladable a ejercicios posteriores para fines fiscales o impositivos

tax rate, Tasa fiscal o impositiva

tax selling, Ventas por razones fiscales o impositivas

tax shelter, Refugio fiscal

tax straddle, Técnica a través de lo cual se combinan dos contratos de futuros u opciones para disminuir el riesgo económico y semejantemente crear una posición ventajosa a los fines fiscales o impositivos

tax value, Valor fiscal

tax year, Año fiscal

taxable, Imponible o sujeto a impuestos

taxable base, Base fiscal o imponible a impuestos

taxable income, Ingreso imponible o sujeto a impuestos

taxable municipal bond, Bono municipal sujeto a impuestos federales estadounidenses

tax-exempt money market fund, Fondo común que invierte en títulos a corto plazo emitidos por municipalidades y exentos de impuestos

tax-exempt security, Título valor cuya ganancia está exenta de impuestos

tax-free income, Ganancia libre de impuestos

T-bill, Letra del Tesoro estadounidense

tear sheet, Página extraída de un informe del mercado bursátil que publica Standard & Poor's

technical analysis, Análisis técnico

technical rally, Alza técnica

technical sign, Señal técnica

technician, Analista técnico

T

telephone switching, Trasladar activos de un fondo común de inversión a otro siempre y cuando se den dichas instrucciones por teléfono

ten percent guideline, Pauta del 10%

tender, Oferta

tender offer, Oferta pública

term, Plazo

term bond, Emisión de bonos con igual fecha de vencimiento

term certificate, Certificado de depósito a largo plazo

term loan, Préstamo a plazo

term structure, Agrupación de bonos de rendimiento igual

term to maturity, Vida residual de un bono

terms of payment, Condiciones de pago

tertiary industry, Sector servicios

test, Término que se usa para designar un movimiento de precios que se acerca al anterior nivel de resistencia o piso

theoretical hedge, Diferencia entre el precio de mercado de una opción y su valor teórico

theoretical value, Valor teórico

thin market, Mercado chico o angosto

third market, Tercer mercado

thirty-day visible supply, Volumen total en dólares estadounidenses de bonos municipales nuevos con vencimiento a 13 meses o más que ingresarán al mercado en el término de 30 días

thrift institution, Institución de ahorro

tick, Movimiento mínimo, sea hacia arriba o hacia abajo, en el precio de un título valor

T

ticker, Sistema computarizado que proporciona información sobre las operaciones que realizan en el recinto bursátil

ticker symbol, Abreviatura en el "ticker"

ticker tape, Sistema computarizado que en forma continua transmite los precios y el volumen de las operaciones realizadas en el recinto bursátil

tight market, Frase para un mercado donde el volumen negociado es elevado y los margenes, o "spreads," son reducidos

tight money, Dinero caro

time deposit, Depósito a plazo

time draft, Letra de cambio a término

time spread, Estrategia respecto a opciones que consiste en comprar y vender contratos con los mismos precios de ejercicio y diferentes fechas de vencimiento

time value, Valor tiempo

time value of money, Valor tiempo del dinero

time-weighted return, Método de medición de la rentabilidad de una cartera

timing, Aptitud para el momento exacto para hacer una inversión

tip, Información que pasa de persona a persona y que sirve para determinar inversiones

toehold purchase, Práctica mediante lo cual el inversor va comprando acciones de una empresa blanco de una toma de control, o "takeover," siempre y cuando no superar el 5% del capital accionario de la misma

tombstone, Anuncio publicitario sobre una nueva emisión

T

ton, Frase para denotar 100 millones de dólares estadounidenses

topping out, Frase que se usa cuando un mercado o título valor se encuentra en el último tramo de su tendencia alcista

total assets turnover (TAT), Rotación de activos

total capitalization, Capitalización total

total cost, Costo total

total return, Retorno o ganancia total

total volume, Volumen negociado

trade, Negociación, operación o transacción

trade balance, Saldo comercial

trade date, Fecha de negociación

trade deficit, Déficit comercial

trade receivable, Cuentas a cobrar

trade surplus, Superávit comercial

trademark, Marca registrada

trader, Operador

trading dividends, Práctica mediante lo cual una empresa compra y vende acciones de otras empresas para aumentar al máximo los dividendos a cobrar

trading floor, Recinto de operaciones

trading halt, Suspensión temporaria

trading limit, Cantidad máxima de contratos que una persona puede negociar en una rueda o jornada

trading post, Puesto del especialista

trading price, Precio de negociación, operación o transacción

trading profit, Ganancias por negociación, operación o transacción

T

trading range, Banda de fluctuación, es decir márgenes permitidos en las variaciones positivas o negativas de un tipo de cambio conocido
trading unit, Unidad de negociación
trading volume, Volumen operado
tranche, Tramo
transaction, Operación o transacción
transaction costs, Costos de negociación
transaction risk, Riesgo de que el tipo de cambio se modifique durante el período desde la firma del contrato nominado en divisas y la fecha de pago
transfer agent, Agente de transferencias
transfer price, Precio que pagan las diferentes divisiones de una misma empresa cuando realizan operaciones entre sí mismas
transfer tax, Impuesto a las transferencias
translation, Conversión de divisas
translation differences, Diferencias de cambio
transmittal letter, Carta enviada con un documento que describe el contenido y propósito de una operación
treasurer, Tesorero
treasuries, Títulos de deuda emitidos por el Tesoro estadounidense
treasury bill, Letra del Tesoro
treasury bond, Bono del Tesoro
treasury direct, Sistema a través de lo cual un inversor individual puede adquirir deuda del Tesoro estadounidense sin contratar los servicios de un intermediario y de esta manera evita el pago de comisiones
treasury note, Nota del Tesoro estadounidense

T

treasury stock, Acciones en tesorería
trend, Tendencia
trend line, Línea de tendencia
trickle down, Teoría que dice que se puede lograr un mayor crecimiento económico si a las empresas se les permite prosperar, con el fin de que esa situación se trasladará a la población de ingresos bajos y medios, resultando en mayor actividad económica
triple witching hour, Frase para la última hora de la rueda bursátil del tercer viernes de marzo, junio, septiembre y diciembre, momento en que vencen los contratos de opciones y futuros sobre índices bursátiles en Estados Unidos
truncation, Simplificación de las etapas de un proceso con el fin de reducir el papeleo y los costos operativos
trust, Fideicomiso, o cartel de empresas
trust account, Cuenta fiduciaria
trust company, Institución fiduciaria
trustee, Fideicomisario
trustee in bankruptcy, Síndico de la quiebra
tunnel, Estrategia de inversión que en lo cual se compra un "call" y se vende un "put" en las que ambas operaciones valgan lo mismo
turkey, Término para una inversión que no rindió lo que se esperaba
turnaround, Vuelco favorable
turnover, Facturación o volume de operaciones
twenty-day period, Período de veinte días, es decir, el número de días que necesita la SEC para estudiar la solicitud y el prospecto que presenta una empresa

con planes de realizar una emisión nueva de títulos valores

twenty-five percentage rule, Regla del 25%

twin shares, Acciones mellizas, es decir, títulos de dos entidades legalmente independientes pero cuyos accionistas son exactamente los mismos

twisting, Práctica no considerada no ética en lo cual se convence al cliente a que realice una serie de transacciones cuando el agente sabe que no son necesarias, pero que generarán mayores comisiones

two dollar broker, Agente bursátil que realiza operaciones para otros agentes cuandos estos mismos estan demasiado ocupados

two-sided market, Mercado cuyas cotizaciones de compra y de venta son en firme

two-tier bid, Oferta pública para tomar control, o "takeover," donde el comprador ofrece pagar un precio mayor por aquellas acciones que le darán el control de la empresa

two-way market, Mercado cuyas cotizaciones de compra y de venta son en firme

U

ultra vires activities, Actividades no autorizadas conforme el acta constitutiva de la sociedad

unamortized bond discount, La diferencia entre el valor nominal de un bono y el precio de venta que recibiá la empresa emisora, menos cualquier parte que se haya amortizado

unclean bill of lading, Conocimiento de embarque con reservas

uncollected funds, Fondos a cobrar

unconvertible currency, Divisa no convertible

uncovered option, Opción descubierta

underbanked, Término que se usa para designar una colocación de títulos valores a cuyo banco de inversión líder se le hace difícil conseguir otras firmas interesadas en participar del consorcio de emisores (los "underwriters")

underbooked, Término que se usa para designar una emisión nueva de títulos valores que no atrae el interés de la comunidad inversora durante el período de inscripción ante la SEC

undercapitalization, Insuficiente capital

underlying asset or claim, Activo subyacente

underlying debt, Título de deuda subyacente

underlying security, Título valor subyacente

undermargined account, Cuenta con margen insuficiente

underperforming loans, Préstamos con atraso

U

undervalued, Subvaluado
underwriter, Agente colocador de una emisión
underwriting, Colocación
underwriting agreement, Acuerdo de colocación
underwriting spread, Diferencia entre el precio que paga el consorcio colocador por los títulos valores y el precio al que los vende al público
underwriting syndicate, Consorcio colocador
undigested securities, Frase que se refiere a acciones o bonos de una nueva emisión que no se distribuyeron debido a la poca demanda registrada al precio de venta
undisclosed reserves, Reservas ocultas
undistributed profits, Utilidades o ganancias no asignados o distribuídas
undue debt, Deuda no vencida
unearned income, Ganancias o ingresos no devengadas
unencumbered, Libre de gravamenes
unfriendly takeover, Asumir control en una manera hostil, un "takeover" hostil
uniform practice code, Conforme a las normas de la National Association of Securities Dealers (NASD) que rige en el mercado extrabursátil
unissued stock, Acciones no emitidas
unit banking, Sistema bancario que no permite que los bancos abran sucursales
unit convertible, Título convertible por un paquete de papeles
unit investment trust, Fondo de inversión de un cartera
unit of account, Unidad de cuenta
unit of trading, Unidad mínima de negociación

U

unlimited tax bond, Bono municipal que asegura que gravará los impuestos a una tasa ilimitada hasta que sea totalmente repagado

unlisted company, Sociedad sin contización oficial

unlisted market, Mercado extrabursátil

unlisted security, Papel no cotizante

unlisted trading, Negociación de papeles no cotizantes dentro del recinto bursátil

unloading, Liquidar posiciones

unpaid dividend, Dividendos pendientes de pago

unquoted company, Sociedad no cotizante

unrealized gain or profit, Ganancia no realizada

unsecured bond, Bonos no garantizados

unsecured creditor, Acreedor quirografario

unsecured debt, Deuda sin garantía

unsecured loan, Préstamo sin garantía

unseen risk, Riesgo imprevisto

unset price, Precio base

unsystematic risk, Riesgo no sistemático

unwind a trade, Cerrar una posición con una operación que la compensa

up-front interest rate, Tasa de interés muy elevada

upgrading, Subir la calificación de un papel

upside potential, Alza potencial

upstairs market, Operación que se concreta en las oficinas del agente sin que la orden se ejecute en la Bolsa

uptick, Compra realizada a un precio superior a la operación anterior con el mismo papel

uptrend, Tendencia alcista

U

upturn, Repunte, mejora
usance draft, Letra pagadera a plazo
usances, Usos comerciales
utilities, Acciones de empresas de servicios públicos
utility revenue bond, Bono a largo plazo emitido por una empresa de servicios públicos

V

valuation reserve   Previsión o reserva para cubrir la desvalorización de activos de la empresa
value, valor
value added tax (VAT), Impuesto al valor agregado
value broker, Agente de Bolsa cuyas comisiones se calculan en base al valor monetario de cada una de las transacciones
value change, Cambio de valor
value date, Fecha efectiva
value investment, Inversión realizada por su valor
value of money, Poder adquisitivo de una divisa
valueless, Sin valor
variable annuity, Anualidad variable
variable cost, Costo variable
variable interest rate, Tasa de interés variable
variable life insurance, Seguro de vida variable
variable rate, Tasa variable o flotante
variable rate demand note, Pagaré que se paga a la vista o que genera intereses
variable rate mortgage (VRM), Hipoteca de tasa variable
variable yield fund, Fondos de renta variable
variance, Varianza
vault, Bóveda
velocity of the money, Velocidad de circulación del dinero o una divisa
venture capital, Capital de riesgo

V

venture capital limited partnership, Organización formada por una sociedad de Bolsa que solicita inversores interesados en aportar capital a un empresa recién iniciada

vertical merger, Fusión vertical

vertical spread, Estrategia de inversión que consiste en la adquisición y la emisión simultánea de opciones con diferentes precios de ejercicio, lo cual permite al inversor tomar una posición en opciones sobre divisas que le proporciona riesgos y rendimientos definidos

volatile, Volátil

volatility, Volatilidad

volatility coefficient, Coeficiente de volatilidad

volume, Volumen negociado

volume business, Servicios estandarizados

volume deleted, Omitir el volumen negociado

volume discount, Descuento por volumen

voluntary accumulation plan, Plan de acumulación voluntaria

voluntary bankruptcy, Quiebra voluntaria, bancarrota voluntaria

voting capital, Acciones con derecho a voto

voting right, Acciones con derecho a voto

voting stock, Acción con derecho a voto

voting trust, Grupo de accionistas donde los derechos de voto pasan a una única persona, mientras que los derechos económicos quedan a favor de los miembros del grupo entero

vulture fund, Fondo que invierte en activos subvaluados y espera a que los precios recuperen

W

W formation, En el análisis técnico, gráfico del comportamiento del precio de una acción, bono o product básico ("commodity") que muestra que el precio atravesó dos veces su piso y ahora se encuentra en alza

waiting period, Período de espera

wallflower, Acción que no atrae a los inversionistas

wanted for cash, Mensaje o leyenda que aparece en la cinta de precios (ticker) anunciando que un inversor se ofrece ese mismo día a pagar en efectivo por un determinado bloque de acciones

war babies, Frase para denominar empresas que operan principalmente como contratistas del sector defense o industria military

war brides, Frase para denominar empresas que operan principalmente como contratistas del sector defense o industria militar

warehouse receipt, Recibo de depósito

warrant, Contrato o instrumento financiero derivado, es decir, un formulario separado para la suscripción de un título valor que viene adjunto al certificado de la acción

wash sale, Negociación ficticia, es decir compras y ventas de títulos valores que se realizan al mismo tiempo, o dentro un corto plazo.

W

wasting asset, Título valor que pierde su valor con el transcurso del tiempo, o un bien que cuenta con una vida útil determinada

watch list, Lista de títulos valores en observación por parte de las sociedades de corretaje o por la Bolsa misma

watered stock, Acciones emitidas a un valor inflado

weak currency, Divisa débil

weak market, Mercado o Bolsa débil

weighted average cost, Costo promedio ponderado

weighted increase, Aumento ponderado

whipsaw, Movimiento repentino en los precios

white knight, Empresa que acude en ayuda de otra que está siendo sujeta una adquisición hostil

white squire, "White knight" que adquiere una parte inferior a la porción mayoritaria

whole life insurance, Tipo de seguro de vida que ofrece protección en caso de fallecimiento del asegurado y, al mismo tiempo, también genera intereses

wholesale price index, Índice de precios mayoristas

wholesaler, Mayorista, es decir, de banco de inversión que actúa como colocador de una nueva emisión de títulos o como distribuidor en una oferta en el mercado secundario; o un agente bursátil que negocia con otros agentes bursátiles

wholly-owned subsidiary, Subsidiaria totalmente propia

wide opening, Apertura de la rueda o jornada con márgenes elevados entre los precios de oferta y demanda

widow-and-orphan stock, Acción que paga dividendos elevados y cuenta con poco valor estable

W

Williams Act, Ley federal estadounidense promulgada en 1968, que exige que los inversores que compran más de 5% del capital accionario de una empersa deben presentar determinada información ante la SEC y ante la empresa misma

windfall profit, Ganacias inesperadas

window dressing, Operaciones bursátiles que se realizan cerca de la finalización de un trimestre u otro período fiscal con el motivo de disfrazar la cartera de inversiones

window, Tiempo en que se debe de aprovechar de una oportunidad para que no la pierda

window of opportunity, Tiempo en que se debe de aprovechar de una oportunidad para que no la pierda

wire house, Sociedad de Bolsa cuyas oficinas y surcusales estan conectadas a través de un sistema de comunicaciones interna. Hoy en día la frase se usa para denominar las grandes casas de corretaje

wire room, Departamento operative de una sociedad de Bolsa que recibe órdenes de clientes búrsatiles y transmite las mismas a su matriz

witching hour, Frase estadounidense para denominar la última hora de la rueda del tercer viernes de marzo, julio, septiembre y diciembre, momento cuando se vencen los contratos de opciones y futuros sobre los índices bursátiles

withdrawal, Retiro

withholding, Retención

withholding tax, Impuesto a las utilidades de capital retenido en origen a todo contribuyente

working capital, Capital de trabajo

W

working control, Control efectivo de una empresa por parte de los accionistas que poseen menos del 51% de las acciones con derecho a voto

workout, Plazo en lo cual, a raíz a un atraso en el pago de un préstamo, ambas partes negocian los terminus y plazos del mismo

world wealth portfolio, Cartera formada por títulos de varios países

wraparound annuity, Anualidad en lo cual el titular elige las inversiones de su plan y demorra el pago de impuestos a las utilidades hasta el momento que comience a retirar los fondos

wrinkle, Detalle que se agrega a un producto o título nuevo para que atraiga a los inversores

write down, Amortizar

write-off, Clasificar como pérdida

writer of an option, Emitor o lanzador de una opción

writing cash-secured puts, Estrategia que emplea el operador que quiere emitir opciones de venta que no sean obligado a utilizar una cuenta de margen

writing naked, Estrategia que emplea el vendedor de una opción que no posee el título subyacente,

writing puts to acquire stock, Programa empleada por un emitor de opciones que cree que la acción va a caer y que su compra a un determinado precio será una buena inversión

written-down value, Valor contable neto

Y

Yankee bond, Bono estadounidense
Yankee bond market, Mercado de bonos estadounidenses
year end, Cierre de ejercicio
year-end exchange rate, Tipo de cambio al cierre el ejercicio
yellow sheets, Publicación diaria de la National Quotation Bureau que detalla los precios de oferta y demanda de los títulos de deuda negociados en el mercado extrabursátil
yen bond, Bono en yenes japoneses
yield, Redimiento o rentabilidad
yield advantage, Ventaja en cuanto al rendimiento de un título convertible
yield curve, Curva de rendimiento
yield equivalence, Equivalencia de rendimiento
yield spread, Diferencia de rendimiento
yield to average life, Rendimiento promedio que generan los bonos rescatados antes de su vencimiento
yield to call, Rendimiento hasta el rescate anticipado
yield to maturity, Rendimiento hasta su vencimiento

Z

zero coupon bond, Bono de cupón cero
zero tick, Valor de negociación sin cambios
zero-base budgeting, Presupuesto base cero
zero-coupon convertible security, Bono de cupón cero que es convertible en acciones ordinarias
zero-minus tick, Venta que se realiza al mismo valor que la negociación
zero-plus tick, Venta que se realiza al mismo valor que la negociación previa

www.ingramcontent.com/pod-product-compliance
Lightning Source LLC
Chambersburg PA
CBHW071709090426
42738CB00009B/1714